チャンポンと鳴る鼓滝

京都府京丹後市弥栄町船木の民話

目次

一　坪倉静子の語り

二　その他の語り

表紙（写真）　通り堂　立石憲利

凡　例

1. 本書に収載した民話は、京都府京丹後市弥栄町《やさかちょう》船木、坪倉静子および同地区の語り手の語ったものである。採録は、細見正三郎と坪倉慧二郎が行った。刊行の経緯については解説の項をご覧いただきたい。

2. 話の配列は、昔話、伝説、世間話の順とした。収載した話のほとんどは昔話である。昔話は『日本昔話通観』のタイプインデックスの話型番号順とした。それに該当しない話は、同じ類型の話の近くに配列した。
それぞれの話の末尾に記した（通観○「○○○○」）は、日本昔話通観のタイプ番号と話型名である。

3. 話の題名は、採録者が付したものを尊重したが、分かりやすくするなどのため一部変更して付した。

4. 話の表記は、採録者が記したものを基本にしたが、誤字、仮名づかい、難しい漢字など、一部書き直した。また、難解な言葉には（　）で意味を付した。

5. 注は、一部採録者が付したものもあるが、ほとんどが編者が付けた。

6. 収載した話の中には、伝承されてきた時代を反映して、職業や身体などに関する卑称、賤称、不快に思われる言葉などが一部認められるが、伝承の実相を記し、今後の科学的研究の資料とするために、そのまま掲げたものがある。読者、利用者におかれても、その立場を理解され、本書が正しく利用されるよう期待する。

7. 本書刊行に際しては、多くのみなさんにお世話になった。みなさんに感謝いたします。

一　坪倉靜子の語り

屁こき爺──一

村の人のみんなから好かれとる爺さんがありましてぇ、竹薮へ行って竹ぅ切っとったら、
「そこで竹ぅ切っとるやつは誰だ」
いったら、
「丹後の丹後の屁こき爺」
いうと、
「どんな屁をこく」
いうて、
「誰もこかん屁ぇこく」
いうたら、
「そんなら殿さんの前で一番やってみい」
いうて、殿様の前へ連れて来たら、殿さんが、
「そこでやれ」

いうて。したら、爺さんが、ちょっと横っちょぅ向いて、殿さんに尻を向けずにしたら、
〽四十雀《しじゅうがら》　もんがら
　ぴょいぴょいのぴょい
いうて屁をこいたら、それで殿さんが、
「これは面白い。もう一遍やってみい」
いうて、
〽四十雀　もんがら　もんがら
　ぴょいぴょいのぴょい
いうて屁が出たで、
「これは珍しい」
いうて、いろいろ土産をもらっただし、喜んで帰って来た。
そしたら隣の、村の者から嫌われ者の、あんまりいい爺さんでない人が、
「隣の爺さんが屁をこいて、ええ物ぅ貰って来るなら、わしだってする」
思って、朝早ぅ竹薮へ行って竹ぅ切っとったら、家来がとがめて、
「お前は何しに来た」
いうたら、

「丹後の丹後の屁こき爺」

いうと、

「お前も屁をこくか」

「へえ、隣の爺さんに負けん屁をこきます」

いうと、

「そんなら殿さんの前で屁をこいてみい」

言いなっただ。

殿さんの方へ向いて屁をここうとしたら、気張っても、なんぼ気張っても屁が出んと、実が出て、

「無礼者めが」

と、家来に尻を切られて、桟俵《さんだわら》ぁ当てて帰ってきた。


(通観90「竹切り爺」採録　細見正三郎)

〈注〉桟俵。米俵の両端に当てる円形の藁製の蓋。

オトギリ草由来――二

昔、兄弟と父親と住んどって、あるとき父親が、

「わしが死んだ後は、お前ら仲良く暮らせ。田んぼを分けて、半分ずつ分けて暮らしていけ」

いうことで、二人で田んぼを分けることになった。

いまのように巻尺があるでなし、目分量で田分けですわ。それで目分量で分けたところが欲が出て、お互に、

「お前の方が余計だ」

「いや、お前の方が余計だ」

いうては、何回も分けたですって。そいて、何回分けても山の方の田んぼだもんだで、こう真っ二つに分けられへん。まっ四角じゃないだし、丸い田もありゃあ四角い田もあるしして、半分ずつ納得のゆくように分けられなんだ。

それで兄が怒って、持っていた鎌で弟の首を切って、弟は死んでしまった。それで切られた血の跡に咲いたんが、オトギリ（弟切り）草で、ほいで兄貴は、

「まあええ具合だ。田が全部自分のものになった」
いうて、百姓しとった。
それでも日が経つにつれて、弟と仲良う田ぁ作っとったのに、弟がおらんようになって寂しい暮らしに、弟を殺した自分の罪を咎《とが》めて、兄貴は亡くなってしまった。
その兄貴の亡くなったのは、ホトトギスになって、田の空の方を舞うだし、水ぅ張って、田植えの水ぅ張って田植えが近づくころになると、飛んで来て、
オトウト　イルカ
弟　居るか
いうて鳴いて飛んで歩くんだと。
（通観163「弟切り草」442「ほととぎすと兄弟」参照　採録　細見正三郎）

〈注〉畑の隅で初めてオトギリ草を教えてもらった折、母さんから聞いた。
全国的に採録例の少ない話である。オトギリ草は、オトギリソウ科の多年草で、広く山地に自生する。止血薬、うがい薬として利用する。

チャンポンと鳴る鼓滝――三

　船木みたいな村があって、その谷の奥の方に鼓滝いうのがあったそうです。その滝は、水が落ちるときに、

　チャンポン　チャンポン

いうて鳴るんですって。その滝の水を飲むと、どんな病も治るし、目が見えんのも見えるようになるし、耳の聞こえんのも聞こえるようになるいう、言い伝えがあったそうです。

　それでも村には、誰《だあれ》も、その滝まで行った者も、見て来た者もなかったそうです。

「どうしてだったただろうかなあ」

　その村に仙吉いう目の見えん若者と、万吉いう耳の聞こえん若者が住んどって、目の見えん仙吉は、家の内ばかりおって、柱に行き当たり、瘤《こぶ》を出したり怪我《けが》したりしておっただし、耳の聞こえん万吉は、昼、外に出ても誰《だあれ》も相手になってくりゃあせんし、人が話しとると、〈わしの悪口ぅ言うとりゃあせんか〉思って見とると、犬が後ろから鳴いてきて、足ぅ咬まれたりするし、あんまり外へ出て行かれん。もちろん嫁さんも来てくりゃあせんだし、〈こんなこと

なら、もう死んだほうがましだ〉思っておったら、そのことを仙吉に話えたら、

「わしもそうだ。いつ死のう、いつ死のう思って考えとるだ」

いうだし、

「そんなら、こういう話もある。この村の、ずっと奥の方に鼓《つづみ》の滝いうのがあって、滝の水を目に付けると目が開くし、耳ぃ付けると耳が聞こえるようになるいうことだ。二人で行ってみようか」

「そんな、そんなことが出来るなら、どこで死んでも同じことだ。二人で行ってみよう」

いうことになり、弁当ようけえ持って、握り飯ぅようけえ持って、万吉が先になり、仙吉の手を引いて鼓の滝をたずねて行った。

とっとこ、とっとこ歩いて、ほうしてまあ五、六里（二〇〜二四キロ）ほど歩いて、腹が減って、

「まあ弁当食うか」

いって、そこにあった石に腰掛けて、弁当開《ひら》いたそうです。そうしたら、どっからか、お婆さんがやって来て、

「これこれ、若い衆、その弁当をわしに分けてくれんか、一つずつ。わしは、もうはや七日も飯を食べとらんで、死にそうだ」

いうんで、かわいそうになって、一つずつ焼き飯（焼きむすび）を、お婆さんにやったんです。

そうしたら、お婆さんが、おいしげに食って、

「ああ、助けてもらった、おおきに。それで若い衆さん、こんな誰も来ん山奥へ、どうして来たんだ」

いうで、

「この先の、チャンポンいう滝へ行きたい」

いうたら、お婆さんがびっくりして、

「鼓の滝は、あるにはあるが誰も行き着いた者はない。みな途中で化け物に食われてしまって、村に帰り着いた者はないそうだし、せっかくここまで来たけど、引き返した方がよかろう」

いうたら、二人が、

「わしらのは、こんな都合で、目や耳を治したいで来たんだ。どうせ生きていても仕様がないで、途中で死んでも諦《あきら》めがつく。行かれる所まで行きたい」

いうたら、

「そうか、それほどまで心に決めて来たのなら助けてやろうか」

いって、黒い布で包んだ物を出して、

「この先を、もうちょっと行くと大けな、大けな大蛇がおって、お前ら二人を呑んでしまおうと、赤い舌をペロペロッと出しとる。その舌の届かん所まで行って、その目の玉めがけて、こ

の包みの中の物を、パッパッと振って、残ったのを口の中に入れてやれ」

いうで、お婆さんに礼を言うて、二人は、また、とっとこ、とっとこ歩いて行ったところが、その大けな大けな蛇がおって、赤い舌をペロペロ出しているのが見えた。

万吉が貰った包みを開けて、中の黒い灰みたいなものを、パッパッと目に投げ、残ったのを口の中へほうり込んだら、そうしたら、その大蛇が苦しがって、のたうって、とうとう草原《くさばら》の中へ、ドターンと倒れて動かんようになった。

二人は、やれやれと思って、また道を、とっとこ、とっとこ行って、六里ほど行って、腹が空いて、

「弁当にしようか」

「うん、よかろう」

いって、倒れとった木に腰掛けて、弁当を開《ひら》けかけたら、また、どっからか、あごに白いひげの生えたお爺さんが出て来なって、

「これこれ、若い衆、わしはとうから飯を食っとらんで、腹がぺこぺこで、いまにも倒れてしまいそうだ。頼むで、その焼き飯を分けてくれんか」

いうで、かわいそうになって一つずつ焼き飯をやったそうです。そうしたら、お爺さんが、

「やれやれ、これで生命《いのち》が繋《つな》がった。ところで、お前らは、何しにこんな山奥にやって来たんか」

いうたので、

「わしらは、こういう具合で、鼓の滝をたずねて来たんだ」

いうたら
「鼓の滝はあるにはあるけど、行き着いて帰って来た者は一人もない。悪いことは言わん。帰《かえ》んなれ」

いうで、

「二人は、こういう具合で、生きておっても仕様がないし、死んでもだんない（構わない）。どうしても鼓の滝へ行きたい」

「そうか、それほどのことなら、よし、わしが、ちぃと手助けしちゃろう」

いって、懐《ふところ》から黒い包みを出して、

「これをなあ、この先ぃ行くと、大けな、大けなヒキ蛙が、お前らをひと呑みにしようとしている。もう、はや毒気を吐いておる。それに当たったら、生命《いのち》どもあらへんで、この包みを開いて、この中のものを、パッパッと目の玉に投げて、残ったのは口の中ぇ入れるだ。間違えんようにせえ」

と教えてくれて、ふわっとおらんようになった。

二人《ふたあり》は、その包みを持って、とっとこ、とっとこ、とっとことっとこ行ったら、そりゃな大きな大きな、大岩よりまんだ大きなヒキ蛙が、道を塞いで行けんようにしとる。それで、お爺さんが教えてくれたように、万吉が、ぱっぱっと目に放り込んだし、残ったのを口に入れたら、そのヒキ蛙がひっくり返って苦しがっとったが、しばらくすると、下の深い深い谷に転げ落ちていった。

道が開いたので、二人は、また、とっとこ、とっとこ、六里も歩いて、また腹が空いたで、

「腹が減った、弁当にしよう」

「うん、しよう」

いうて、持って来た焼き飯を、四つやったので二つしか残っていない焼き飯を食おうとしたら、どっからか若者が、ひょろひょろと現われて、

「わしに一つくれ。七日も食べとらんで動けん」

いうで、それで残っとった一つをやったら、うまげに食って、

「七日も食わんとおったで助かった。あんたらあは、こんな所へ何しに来たんだ」

「こうこうで、鼓の滝へ行きたい」

「そうか、これからが大変だ。まあ、あれを見い」

いうて、持っとった杖で指す方を見ると、篠竹《しのだけ》や薄《すすき》やら、茨《いばら》やらが林ほど生《お》え茂っとって、そこにはマムシやらムカデやら、ゲジゲジやら大グモやらが、いっぱいおる。どうでも行くんな

ら、わしが案内しよう」
いうて、若者が杖で払うと、薄や茨が、ガサッガサッと倒れて道がついた。その後をついて奥ぃ奥ぃと行くと、遠くで、
　チャンポン　チャンポン
いう音が聞こえる。鼓の音だ。仙吉が、それを聞いて、
「あっ、あれは鼓の滝だ。急ごう」
いうて、急いで行ったら、
　チャンポン　チャンポン
いう音が、だんだん大きくなってくる。
　そのうちに、その若者が杖で、
「ここだ」
いうて指した方を見ると、山に滝が見え、金色と銀色の水が、きれいに光りながら下に落ち、
　チャンポン　チャンポン
いう音がしとる。
　杖で道を付けもって下に下り、万吉が滝の水を指先に付けて、耳をくりくりっとすると、耳が聞こえるようになっただし、滝の水を手ですくい取って、仙吉の目に付けると、ぱっと仙吉

の目が見えるようになり、金色と銀色の滝が、初めて見えただし、二人《ふたあり》は抱き合って喜んどった。二人の目からは、もう涙が滝のように流れとった。

そうして、しばらくして、ふっと見ると、若者の姿は見えんだし、杖だけが残っとった。

二人は、杖で道を付けもって、長い谷を下り、村へ戻ったら二人はええ若者になって、ええ嫁さんをもらって幸せに暮らした。

（通観169「なら梨取り」参照　採録　細見正三郎）

〈注〉「なら梨取り」は、三人の兄弟が親の病気を治すため、なら梨を取りに行く。上の二人は失敗するが、三男が成功する。これは末子相続の考えが反映しているものだろうか。収載話は、似ているところがあるが、厄難克服の話が中心である。

椎の実拾い――四

美しい小川と緑の森に囲まれた村に、長者がありました。そこにチカとミカという姉妹がありました。村の人々は、姉が大きくなったら、お殿さんのお嫁さんになるだろうと、噂をしていたそうです。

けれどもチカには悲しいことがありました。チカが生まれるとすぐに、お母さんが亡くなり、チカはお婆さんの家に預けられたんです。お婆さんは、大変信心深い人であり、毎朝、チカと一緒に仏壇の前に座り、お祈りをし、

「お前のお母さんは、仏さんのお国へ行って、お前がよい子になるように仏さんにお願いしていますよ」

と話していたんです。そしてお婆さんは、お念仏と心経（般若心経）をお唱えしていただし、チカもお婆さんについてお唱えしていました。お婆さんは、チカを連れて、お寺にもよくお参りをしていました。

そのうち長者の家には、隣り村の長者から新しいお嫁さんが来て、ミカという女の子が生ま

れました。そうして姉のチカも生まれた家に戻り、かわいいミカと一緒に暮らすようになったんですが、ミカのお母さんは、チカに厳しく当たりました。

チカが洗濯しても、ちょっと悪いと、しなおしをさせたりしました。ミカが手伝おうとすると、

「お前は畑の草を取れ」

とか
「お前は小さいから、せんでもよい」

と言って、ミカを連れて行ってしまう。

おやつでも、チカには白豆の炒《い》ったのに塩を混ぜたのをやり、ミカには、おいしいお菓子をやりました。

ミカとチカは、お母さんがどんなにしても仲が良かったんです。チカは、どんなに辛《つら》い時でも、仏さんにお参りをし、「お助けください」と拝んでいたんです。チカは、明るい陰のない娘《こ》でした。

秋になり、お天気のよい日のことです。お母さんが、

「さあ、きょうはお天気だから、椎の実がいっぱい落ちる。この袋にいっぱいになった者から帰っておいで」

と言って、二人に袋を一つずつ渡しました。二人は、久しぶりの外出に喜んで、椎の木の森に行き、大きな、どんぐりみたいな椎の実を無心に、一生懸命に拾いました。するとミカが、

「もう私、いっぱいになった」

と言うのです。

「私はまだよ。ミカさんは先にお帰り」

と言いながら、袋を見ると、まだ半分です。

ミカが、

「二人いっしょに拾うと、すぐいっぱいになるよ」

と言うて、二人いっしょに拾っても、なかなかいっぱいになりません。よく見ると、袋には穴が開いていたんです。

　そのうちに秋の日は、ぷつんと暗くなりました。すると遠くから、ドシン、ドシンと音がします。大声で何かわめく声がしました。

二人は顔を見合わせて、

「日の暮れになると人食い鬼が出るいうことだ。鬼かも知れん、早く逃げよう」

と言って、二人は、チカがミカの手を引いて逃げ出しましたが、暗いし、椎の枝が落ちていて思うようには走れません。日は、だんだん暗くなるし、ドシーン、ドシーンと、音は近づいてくる。鬼が、

「人臭い、人臭い」

と叫んで近づいてくる上の方では、バチリ、バチリと木を叩くような音がする。

ミカは倒れてしまうし、チカは、もう逃げられないと思い、仏様にすがるより道がないと思い出し、心経を唱えながら仏様を拝んでいると、

「ここにおいで」

という優しい声がします。振り向いてみると、うしろの椎の木の下のお地蔵さんが、手招きしています。二人が、そばにかけ寄ると、お地蔵さんは袖の内に二人を隠してくれました。

やって来た鬼は、

「人臭い、人臭い」

というて、何遍も何遍も、そこらを探しても見付かりません。鬼は、お地蔵さんの前へ、ドシーンと金棒を突き立てて、

「おい地蔵、ここが一番人臭い。人間を知らんか」

いうて、二メートルもある大鬼は、太い角を二本も、にゅうと出し、口は耳まで裂けて、ドングリのような目を光らせて、それはそれは恐ろしい鬼でした。そして大きな鼻を閉じたり開らいたりします。お地蔵さんが、

「人間はいない。お前の鼻が風邪を引いとるからだ」

と言うと、鬼は帰っていきました。地蔵さんは、

「また来るから、じっとしておれ」

と言います。二人が、じっとしていると、

「やっぱり人臭い。お前が隠しているに違いない、出せ」

いうと、お地蔵さんが、

「お前が、そう思うなら探せ」

言いますと、それこそ念入りに探したが見付からん。鬼は腹を立てて、

「お前が教えなんだら叩き割ったる」

と、金棒を振り上げ、ぱっと打ち下ろそうとします。すると、お地蔵さんは、持っていた数珠でバシッと払われました。すると金棒がぽろりと落ちました。鬼が、それを拾おうとすると、金棒が少しも持ち上げられません。

　鬼が、「エイッ」と力を出しても持ち上がりません。何遍やっても持ち上がらん。とうとう鬼は倒れてしまいました。そして石のようになり、びくりとも動かんようになってしまった。

それで、

「助けてくれ、助けてくれー」

と叫んでも誰も来てくれません。鬼は大声を上げて泣きました。

　お地蔵さんが、

「お前は、この森の中で一番偉く強いと思っているだろうが、大間違いだ。鉄砲の弾一つでさえ怖れているではないか」

と。

鉄砲の話を聞いて、鬼は身震いしました。それは、三日前に、自分同様に、山の猿や兎から恐れられている大熊が、鉄砲の弾に当たって死んだのを、岩穴から見とったからです。それで、お地蔵さんが、

「今度は、お前の番だ。いまに猟師が大勢やって来る」

と言うと、鬼はじっとしておられません。鉄砲を向けられたら死ぬることは分かっています。鬼は、

「助けてくれ、お地蔵様」

と叫び、そばに寄ろうとすると、不思議に足が動いたんです。

「助けてくれー」

と、お地蔵さんにすがりつきました。すると、お地蔵さんが、

「鉄砲よりも人間よりも、力を持っておられるのは仏様だ。海より深く広い慈悲の心を持っておられる。それが仏様だ。どんな悪事をした者も、心を入れ替えて仏様におすがりすると救って下さる。お前が助かるのは、それ以外にない。今から心を入れ替えて正直に働けば救われる」

と、優しくお諭しになったら、そうして、お供え物のぼたもちを三つくださった。鬼は山へ帰っただし。そこで、

「さあ、出ておいで。もう大丈夫だ。みんなが探しに来るころだ」

と言うと、本当に松明《たいまつ》の灯が見えて、

「チカさーん」

「ミカさーん」

と呼ぶ声がする。一番先に母親がやって来て、ミカの顔を見ると、息が止まるほど抱きしめて、今度はチカに、

「お前がぐずぐずしとるから、こんなことになったのだ。袋にいっぱいになるまで許しません」

と言った。明かりに浮かぶ母親の顔は、まるで女鬼のようになっていました。

「まあ、まあ」

と、長者や村の人が止めてもやめません。そうして、ミカの手を取って帰ろうとしますと、母親の足が動かないのです。草履も脱げん。母親は、

「助けてくれー」

と叫びましたが、みんなが手を取り引っ張っても動けない。押しても引いてもあきません。

「鍬を持って来い」

と、鍬で足周りを、土を掘っても、すぐ崩れて足を埋めてしまいます。母親は、ますます声を上げて、

「助けてくれー」

と叫びます。人々は、

「これは何かの祟りでは」

と、もう誰も手を出す者はありません。すると、チカが両手を合わして、心経を唱え、母親の足の周りの土を掘り上げると、土は崩れず、少しずつ足が動くようになった。チカの指は血だらけ、泥だらけになっとっただし。

　それを見た母親は、

「チカッ」

と叫んで抱きしめました。すると足が動いたんです、母親の足が。

「私が悪かった」

と謝り、チカが、お地蔵さんに助けられたことを話すと、母は初めて、

「私が悪かった」

と謝り、仏様の有難いことを知り、今までのことを詫びてチカの手を取り、長者はミカの手を引いて帰りましたと。

それから、お地蔵さんの前には絶えず、お供え物が供えられ、村人も長者も、信心深くなり、平和に暮らすことができました。

お地蔵さんは、お供え物を鬼にも分けてやり、鬼もおとなしくなって、角もだんだん細く小さくなり、顔もだんだん人間に戻ってきたという話です。

（通観172「継子の木の実拾い」採録　細見正三郎）

猿婿入り――五

昔々大昔、ええお爺さんがおって、山の畑へ行って畑ぅ打っとったですけど、畑ぅ打つのがつらかったし、もう豆播き時期は来とったし、

「ああ、誰ぞ、この畑を耕してくれたら、わしにええ娘がおるで、娘を嫁にやるだけど」

いうて、独り言を言うとったら、空から（高いところから）こそこそっと猿の可愛いいのが出てきて、

「お爺さん、畑ぅ打ってやろうか」

いうて、畑ぅ打って豆も播いてくれたですって。お爺さんは、それっきりの話だろう思って帰っとったら、猿が晩になったら戸を叩いて入ってきて、

「お爺さん、約束通り娘さんを嫁に貰いに来た」

いうて来たです。びっくりしてお爺さんが、

「あれは冗談だ」

言っても、猿は承知せなんだって。そしたら娘が出て来て、

「お父さん、一遍約束したことを破る訳にはいかんで、私が嫁に行く」

「そんなことを言うたって」

いって、母親といっしょに泣いとったけど、娘は意地を張って、日用品を荷にして、それを猿に背負わせて山へ嫁に行ったたですって。

途中で川を渡るときに、その川に柿の枝が差し渡っとって、柿がなっとったで、娘さんが、

「わしは柿が好きだで、一つ取ってほしい」

言ったたですって。そしたら猿が、その柿の木へちょこちょこっと登って、

「これ取っちゃろうか」

いうて、

「そんなんより、もっと上の赤らんだんがええ」

いうて、

「これか」

「いや、まんだ上がいい」

いうて、何回も言うて、一番端っぽに行ったら、

「それが好きだ」

いうたら、猿が、それを取ろうとしたですって。そうしたら、細い枝だったたで、ぽきっと折れ

て、荷を首に掛けとった猿は、その重みで下の川へバシャンとはまって、流されてしまい、娘は猿の嫁にならずに戻って来たですって。

（通観210Ａ「猿婿入り―嫁入り型」採録　細見正三郎）

〈注〉娘が猿の嫁になって行く「猿婿入り―嫁入り型」として分類したが、「嫁入り型」は、嫁入り道具として水甕《みずがめ》を猿に背負わせて行き、娘が川に鏡を落とし猿に拾わせる。水甕に水が入り猿は川に沈むというもの。「里帰り型」は餅を搗いて臼を背負わせて里帰りの途中、桜の枝を取らせ、川に落ちて流れるというもの。収載話は内容的には「里帰り」型の話に近い。

柿の木は、さくい（もろい）木で、ぽっきりと折れやすい。それで「柿の木から落ちたら死ぬ」などの俗信がある。

犬婿入り──六

船木みたいな村に、横着な横着なお婆さんがおって、そのお婆さんは孫の守りぅするのに、うんこやおしっこを掃除するのが嫌いで、門《かど》（外庭）へ出てさせては、チンコロ（犬）が前の方におったら、

「チンやコロコロ、この嬢の尻の掃除をしてくれたら、この子が娘になったら嫁にやる」

いうたら、そのチンがコロコロして、お尻の世話をして、お尻までねぶってくれて、その横着者のお婆さんは味ぅ占めて、

「チンやコロコロ、この子が大きになったら嫁にやるで、尻をねぶってくれ」

いうたら、チンがコロコロして、きれいにしてくれた。ほいでまあ、その子がおしめぅせんようになり、掃除もせんようになった。

娘になって五、六年も経った頃、もうお婆さんは忘れとったたですって。ほうしたら、その娘が、とってもとってもきれいな娘になって、その村はもちろん、隣りの村からも、商売人からも、あっちの分限者からも、こっちの長者からも、酒屋から、醤油屋からも、そうそうたる家から縁談

が次々に来て、選るのに困るようになったんですって。それで、どうしようういうて困っとったですって。

ある晩、トントンと戸を叩いて来た者があるで、戸を開けたら、そうしたらまあ、ええ男の、ええ男の、油壷の中から出て来たような男が入ってきて、

「その娘を嫁にくれ」

いうて、

「どちらから来ておくれた」

いうても言わん。

「その娘を嫁にくれ」

いうだげな。

「そんな、どこだ言うことを言うてくれんような人のところぇ娘はやられん」

いうても言わんだし、両親は不思議に思って、

「なんぼ言われても、ようやらん」

いうたら、

「この娘は、子どもの時から約束しとる」

いうだし。

「ようそんな阿呆みたいなことを言う。赤ん坊のときに、誰が約束するだ」

いうたら、その男が、

「そこにおるお婆さんに約束してある」

いうで、お婆さんが思いだして、びっくりして倒れてしまった。そうして、

「娘をくれなんだら、どこへ行っても命がないと思え」

いうたですって。

それで、びっくりしておったら、犬がやるともやらんとも言わん先に、

「明日の朝ま迎えに来るで、こしらえして待っとれ」

いうて帰ったですって。ほいでまあ二親は悲しんで、婆さんも悲しいで泣きして、娘を囲んどったら、娘が、

「心配してくれな。わしにも考えがある」

いうて、納戸から小さな壷を持って出てきて、

「これに口紅をいっぱい買うてきてくれ」

いうことで、晩げだったけど買いに行って、紅屋いう紅屋を、みな回って、その壷にいっぱい紅を買って戻って、娘に渡したら、それを提げ袋に入れた。そうして、そのうちに夜が明けたら、トン、トンいうて戸を叩いたで、娘が戸を開けたら、そのチンコロが待っとったですげな、

戸口に。それで娘は、泣いて親たちが、

「行くでない」

いうのを、

「まあ、そんなに心配せえでもええ。わしにはわしの考えがある」

いうて、チンコロが先きぃ立って歩く後をついて、村を過ぎて山にかかってきたら、娘は壷から紅を出して、木の葉に、ちょっぽり、ちょっぽり付けては行き、ちょっぽり、ちょっぽり付けては犬の後ぇついて行った。口紅が無《の》うなるあたりで、

「ここが、わしの家だ」

いうて、犬が家の内へ案内して、

「腹が空いただろうで、これを食え」

いうて、お膳を前に並べてくれた。そのお膳には、キジの肉や山鳥の肉や兎の肉が、焼いたり煮たり、いろいろして盛ってあって、犬はおいしげに食うだし、娘はちょっとも食わなんだ。

そうしたら犬が、

「どうで食わんだ」

いうたけど、首ぅ振っとって、

「嫌いだで食わん」

「そうか、そうか。あんまり疲れたで食えんのだろう」

いうて、水ぅ飲んでこばっとった（がまんしていた）。そしたら晩げになったで、また御馳走を出したけど、娘はちょっとも食わなんだ。

「どうで食わん」

いうて、犬が、

「そうなら朝まになったら食え」

いうて、また娘は水だけ飲んで、朝が来たらまた出したけど、娘は食わなんだ。

そんなことが二晩も続いて、娘がやつれてきたようで、犬が心配して、

「どうでお前は、こんなおいしいもんを食わんのだ」

「私は、こんなもんは食べん」

いうで、

「そうなら、何が欲しい」

いうたら、娘は、

「わしは熊の肉が食いたい」

いうたら、犬が顔色を変えて、ちいとの間《ま》考えておったそうだが、娘が、大事な娘が死んでしまうで、

「そうなら、わしが熊の肉をつもりして（用意して）きちゃる」

いうて、熊の肉をつもりに、どこへ行くか知らんが、行きかけただげな。

娘は、その後を見え隠れについて行ったら、だいぶ山奥へ行ったところが、向こうに大けな、大けな岩みたいなものがあって、そうしたら、犬が、だいぶ近くまで行って、「ワン」いうたですがな。そうしたら、その岩が、むくむくっと起きて、見たら、大きな大きな大熊だった。

そうしたら、犬が熊の喉笛に、ぴょっ飛びついたですげな。したら熊が、ぺっと一振りしたら犬が振り落とされてしまって、犬は、また、ぴょっと飛びついただし、熊は、ぺっと離してしまって、そんなことを何回も繰り返しとったら、犬は弱ってしまって、それでも飛びついたら、熊が前足で犬を摑《つか》んで、後ろ足でギャッと踏み潰してしまった。

犬は、それっきり動かんようになって死んだ。そしたら娘は、口紅ぅ付けたのをたどって家に帰って、犬の嫁さんにならずにすんだという話です。


（通観212B「犬婿入り―仇討ち型」採録　細見正三郎）

〈注〉「犬婿入り―仇討ち型」は、犬と娘が結婚して山里で暮らしている。猟師がひそかに犬を殺して娘を嫁にして、子ども七人が生まれる。夫が嫁に顔を剃らせながら犬を殺した話をすると、嫁はかみそりで夫を殺す。「七人の子をなすとも、女に気を許すな」の諺になる――という内容。収載話は、娘の智恵で犬をなきものにして家に帰るというもので、典型的な「仇討ち型」とは異なる。

昔は、分限者（金持ち）といえば、商売人、酒屋や醤油屋（小売り店ではなく製造）であった。そのほかは、ほとんど農家であったから、格差が大きかった。

下の句で母を尋ねる――七

貧しい親が子どもを捨てたんでしょうな。それを和尚さんが拾って育てた。その子には歌が添えてあった。

それを和尚さんが育てて、その子が坊さんになった。偉い坊さんになって、住職から寺の跡取りになってくれと言われたですけど、

「母親を尋ねる」

と言って、全国を説教して回って、ずうっと回って、説教して回って、最後に――上の句を忘れましたが――上の句を言って、

「上の句をわしが言うで下の句を付けてくれんか」

いうて、全国を回っておった。

〈きょうもだめだった。もう死んどるかな〉

思いもって説教して回って。

ある山里の小さい寺に行ってしたら、村中の人が集まっておって、和尚さんの説教を聞き、

最後に和尚さんが、上の句を三遍唱え、

「この下の句を付けてくれる人はないか」

いうたら、そうしたら付けた人があったですって、女の人が。それが母親だったですわ。

和尚さんに、

「こうこういうことで、お前を捨てんならんだった。こらえてくれ」

と。母親が上の句を着物に付けておいたんです。

その捨てた子が立派な和尚さんになって、全国を回って、母親を探すために上の句を読んで、下の句を付けてもらって、産んでくれた母親を探しておったんだという話。


（通観35「鷲のさらい子」参照　採録　細見正三郎）

情けは蛙のためならず――八

あるところに正直なお爺さんとお婆さんとおって、もう大根を播く時期になってきたで、お爺さんが朝早う大根や蕪《かぶら》を播く畑を打ちに行っとったです。
ほいて畑ぅ打って、えろうなった（しんどくなった）もんだで、畦《あぜ》に腰掛けて煙草しとったですって。そしたら、
ギャァ　ギャァ
いうて鳴く声がする。
〈ああ、これは蛇が蛙を呑んどるだな〉
思って、探したら、蛇が蛙をくわえて、蛙は逃げようとしておったんです。
ギャァ　ギャァ
いうとる。それで、お爺さんは、かわいそうになって、
「これ、蛇や、助けてやってくれんか」
いうたら、蛇が、

「おれだって腹が減っとる」

いうて怒った。

「そうだろうなあ。お前も腹が減っとるで、そういうことをするだなあ」

いうて、その朝、お婆さんが、

「おかずがないで、弁当に卵を入れとくで、ちょいとご飯の上に割って入れて、醬油をちょっと滴《た》れて、ほて掻《か》き混ぜて食いなれや」

いうて、弁当を持たしてくれた。そこで、お爺さんは、そのことを思い出して、蛇に、

「どうだ、卵をやるで蛙《きゃある》を助けてくれ」

いうたら、蛇が承知した。お爺さんは、弁当から卵を取り出して蛇にやったら、蛇は喜んで、それを呑んで、どっかへ逃げる。蛙も喜んで、どっかへ跳んで逃げる。

お爺さんは、また一生懸命、畑を打って、昼になったで弁当開《ひら》いたけど卵はあらへんし、醬油を掛けて食べたけど、〈良いことをした〉思って、気持ちがようて、一生懸命畑を打っとったです。

そこは野間へ行く方の大谷いう畑だった。

それでまあお爺さんは、一生懸命畑ぅ打って、まあ、大根や蕪を播いたですって。

そうしたら隣りの方にも大根播きをしとって、若い衆が、

「爺さん、こんな天気が続いたら大根は生えらへんし、生えてもろくなもんは生えらせん。播き直しをせんなんだろう」

いうて、隣りの若い人は、一生懸命、下の溝から肥桶《こえおけ》に水を汲んで、播いたところに掛けとったです。お爺さんは、そんなことはようせんし、

「こりゃあ困ったことだ。明日も天気が良《よ》げなし、ずうっと天気が続いとったら、ほんまに大根は二度播きせんならん。心配だ」

いうとったら、足元で、
クァー　クァー
いうて蛙が鳴いたですって。それを聞いて、お爺さんが、

「お前らが鳴くと雨が降るいうで、雨を持ってきてくれんか」

お爺が言うただげなけど、

「鳴いたって雨持って来てくれんだろう」

いうて、とにかく種を播いて心配しながら家ぇ戻って来た。

「婆さんやぁ、今日はおかずの卵で蛙を助けちゃった」

いうたら、

「お爺さん、ええことをしなったなあ」

いって、〈お爺さんは、ええことをした〉思って、気持ちよう、その晩には寝たけど、朝間になって、心配になって、〈大根が生えんか、蕪が生えんか分からへんし、ま、とにかく早う行って見よう〉思って、暗いうちに畑へ行ってみたんですって。

誰《だあれ》も、まんだ来とらへんし、お爺さんが大根畑ぇ来てみたら、暗うて誰も来とらへんのに、お爺さんの播いた大根や蕪の上に、一杯《いっぴゃあ》蛙がおって、ピョン、ピョン跳んで、溝に行っては、また上がって来て、口から水を吐《は》き、おしっこを大根播いた上に掛けるしとるだって。〈こりゃあまあ、蛙が合力《ごうりき》しとってくれるだなあ〉思って、後ろ側に草や藁を積んどる中から、ミミズを出えて蛙にやったら、それを食っては一生懸命、何十匹の蛙が、そうしとるんで出えて蛙にやったら、それを食っては一生懸命、そうして、何十匹か、何百匹の蛙が、お爺さんの播いた上に行っては、おしっこをし、水を吐いてはして、何回も何回もして、陽が当たるようになったら、知らんまに蛙は逃げてしまった。

そしたら、ぼつぼつ村の人が畑に来るようになり、お爺さんは、有難いことだ思って、その日は、それで帰った。

また明くの日、心配になって行ってみたら、また蛙が、おしっこを掛けたり、水を吐いたりしとる。お爺さんは、またミミズを取ってはやっただし。お爺さんの畑は黒うなっておったら、そのうちに村の人が、隣の人がやって来て、

「お爺さん、お爺さん。お爺さんの畑は土が湿って黒うなっておるなあ」

言うで、蛙がおしっこを掛けた言うたって、本当《ほんと》にしゃあせんし、

「夕立ちが通っただろうかいなあ」

いうたけど、

「夕立ちでも、おかしい。お爺さんのところだけ通るはずないしなあ」

いうだけど、隣りの人は承知して、自分は一生懸命肥担桶《たご》で、播いた畑へ水を掛けとった。

お爺さんは、蛙が水を掛けとったところへ、乾かんように、畑の草ぁ刈って、ずうっと置いてえた。

それでも、また心配になり、明くの日行ったら、蛙が前の日と同じように、そういうことをしとる。それでお爺さんの畑は水気があって、そうっと見たら大根がちょっと皮を持ち上げとる。〈やれやれ、これで大根が生えるがなあ〉思って帰り、また翌日行ってみたら、おおびっくり、全部生えとった。

ほいで、お爺さんが喜んで、もう蛙はミミズは食ったそうですが、もう水は掛けてくれん。芽の上を歩いたら傷むんで、それで大根も蕪もみな生えとった。それで上がって来た隣の人が、「爺さん、お前とこの大根は、みな生えとる。わしの家のは片輪のや、生えん所がある。お爺さんは何をしただ」

いうで、

「さあ、夕立ちが通っただろうか」

いうて、ごまかした。そいたら、その生えた大根が大きゅうなり、蕪も大きゅうなりして、お爺さんは、それを引いて戻って、食べたらうもうて、うまぇもんだで、食べきれんもんだで、

「ちょっとまあ、町の店屋へ持って行って売ってみようか」

いうて、持って行ったです。

そいたら、天気の続きがようて、青い物がないで、よう買うてくれて、豆腐や油揚げを買って戻った。

「また持って来てくれ」

言われ、そうしたら、

「お爺さん、お前の畑の大根はよう出来《でけ》とるなあ。何しただ」

いうで、

「わしは、灰と糠《ぬか》と、下肥《しもごえ》やっただけだ」

「わしげんだって、灰や糠と下肥ぅ掛けたのに大根は生えとらへんし、生えても片輪の大根もあるし」

言うで、お爺さんは、

〈こりゃあ蛙が恩返ししてくれただなあ〉

思って、嬉しがっとったら、その大根は、だんだん大きなって、秋になったら蛙はもう来んようになっただし、お爺さんが、ミミズを持って行ってもおらんだし、

「ああ、こりゃあもう穴に入っただなあ。おおけに」

いうて、その大根を持って市場に行ったら、大根がきれいで、今まで作ったことのない、きれえな大根で、店へ出したら、とりかんぼらで（人だかりがして）、店の前に人が大勢たかっとったそうです。

ほうしたら、そこをば、お殿様が通《とう》んなって、あんまり人がたかっとるで、

「あれは何で人だかりしとる」

いうで、家来が店へ行って事情を聞くと、

「大根を売っとるだ」

いうたら、殿さんが、

「わしも、その大根と蕪を食ってみたい」

言うたんで、その大根と蕪を買って、ご馳走に出したら、大根も蕪も食ったことのない殿さんが、

「うまい、うまい」

いうて食って、お代わりまで出して、

「こんなうまい大根をだれが作っとる」

いうで、

「正直なお爺さんが、お婆さんと力を合わして作った」

言うたら、

「その爺さんには、褒美をやろう」

いうて、お爺さんは褒美をもらい、喜んで家ぇ戻った。

それで「情けは蛙のためならず」という諺が流行《はや》った。

（通観XII「動物の援助」380「河童の火もらい」参照　採録　細見正三郎）

猫の恩返し――九

婆さんが猫を飼うとって、

「うらが貧乏で食う物もろくにやらんと、かわいそうに。うらが貧乏なばっかしに、お前にろくなもんもやることがでけん」

いうて話しとったです。

婆さんには、誰《だあれ》も身寄りもなかったし、猫も食わず食わずの生活をしとった。

「明日はなんにも食う物がない。われも、もう早や、どこぞへ行け」

いうて、婆さんが、

「そうして、ええ人に拾ってもらってくれ」

いうて、戸を開けて外に出しておいたですって。そうしたら、猫がニャオ、ニャオいうて、どっかへ行ってしまった。お婆さんは、

「やれやれ、あの猫はどっかへ行って暮らされるけど、うらは誰も身寄りはない。爺さんなあ迎いに来ておくれ」

いうて寝とったそうです。
　そうしたら夜中になって、
　ニャオン　ニャオン
いうて来たで、
〈あれは送ったのに戻った。困ったもんだ〉思っとったら、障子の破れから、穴から入ってきて、婆さんの布団の上に、ポロンと小判一枚落とした。
「ああ、こんな小判が」
いうて拾って、それで米ぅ買って来たでしょうし、その猫にも雑魚《じゃこ》を買ってきてやったです。
　そいたら明けの日も、また猫が、いつの間にかおらんようになり、
〈これを、まあどこで拾ってきただろう〉
思うとったら、また明くの晩、
　ニャオン　ニャオン
いうて戻って来て、小判一枚ポロンと布団の上に落とした。
　それで婆さんは、猫のおかげで救われた。
（通観Ⅻ「動物の援助」388「猫屋敷」参照　採録　細見正三郎）

ベンベコとタカ――一〇

黒部（弥栄町）の山道に、ちょっと凹んだところがあって、そこに、お地蔵さんが祀っちゃって、ちょっとした屋根があって、その下がごそごそ乾いた土だって、ベンベコ（アリジゴク）がたくさん棲まっとったです。摺鉢みたいな穴ぁこしらえて。

そしたら、そのお地蔵さんに、村の人が団子やら菓子やら、米やらをお供えするようになった。初めのころは、なんにも邪魔せなんだけど、どこやらころからかカラスが来て、お供え物を食いに来て、ベンベコの棲んどる土を足で掻いたり、踏んだりして、ベンベコは大被害で怪我をしたり、亡くなったりして、毎日、毎日、カラスがそうするもんで、ベンベコは相談したんです。

「ベンベコとカラスでは、ベンベコは小さいし、カラスは大きい。どうしよう」

いうて相談したら、カラスがお地蔵さんの側《そば》の柿の木に止まって、お供え物をねらっておったら、タカがびゅうーっとやって来て、びっくりしてカラスが逃げ出した。それを見て、誰かが、

「タカさんに頼もう」

いうことになり、

「タカさん、タカさん」

と呼んだら、タカがびゅうーっと下りて来た。そいて、そのことを聞いて、

「なーんだ」

いうたで。

「わしらベンベコは、いまはこうして暮らしとるけど、カラスがやって来て、いまにみんな亡くなってしまう。なんとかして助からんもんだろうか」

いうだし、ほかのもんも、

「いまは、こうして生活しとるけど、末はみな亡くなってしまう。なんとか助けて欲しい」

「いまカラスが来て、あんたを見たら、すぐに逃げてしまった。なんとか助けて欲しい」

いうて頼んだですって。そうしたら、タカが、

「そりゃかわいそうなことだ。そうなら朝一回と昼一回、夕方一回飛んでみたろうか。わしも餌《えさ》を探して来んなんし、遠くへ行かんなんし、その留守の間はカラスが来て困るだろうで、わしの羽根を三本やるで、それを立てておけ」

いうて、タカが言うたですって。それでタカは羽根を三本取ってくれて、ベンベコは喜んだそうです。その時からカラスはよう来んようになり、ベンベコはいまも、あの堂のところで平和に暮らしとるそうです。

（採録　細見正三郎）

兎と蛙の餅争い――二

薬師の山で、兎とフク蛙（ひき蛙）が、

「餅を搗いて食おう」

いうて、餅搗きをして、

「搗き上がった餅を臼だらけ谷に転がして、早《はよ》う取った者が、みな食うことにしょう」

いうて、臼を転がした。

兎は転がる臼と一緒に走って下りただし、フク蛙は、ゆっくり、ゆっくり下りかけただし。

駆け下りた兎は、餅が食われる思って、臼を見たら空っぽだった。

フク蛙は、ちいと下りかけたら、そこの木に餅がぶら下がっておって、それをみな食っただし、兎はひとつも食えなんだいう話です。

ものごとは落ち着いてせなあかん。

お爺さんから聞いた話だ。


（通観527A「餅争い―餅ころがし型」　採録　細見正三郎）

尻尾の釣り――一二

カワウソと狐がおりまして、カワウソは上手に魚を取るもんですすで、いつも魚を取っとったですって。狐は、カワウソが魚を入れ物に入れるときに、こぼれるのを拾って食べとったですって。ところが、狐は悪狐《わるぎつね》であったで、思案だして、

「どうだかカワウソどん、ご馳走の仕合いをしてみようではないか。お前は魚ぁ取るのは上手だで、わしを呼んでくれ。そのかわり山のご馳走して呼んだる」

いうて、いちばん初めに相談して、狐が、

「わしが一番に呼ばれて行くから」

いうて、カワウソは承知して、まあフナや鯉や鮎や、そんなご馳走をいっぱいして待っとっただげな。ほうしたら狐が来て、呼ばれて、

「今度はわしの番だで呼んだる。明日の晩来てくれ」

いうて去《い》んだげな。

ほしたら晩げぇ行ってみたところが、なるほどご馳走が、大きな鉢に団子やお菓子やら、い

ろいろなご馳走が並んどる。カワウソは食べたです。なんだか喉《のど》の方が、むしゃくしゃしたけど、まあ食べて家ぇ帰ったところが、腹を下すやら、上《かみ》に戻すやらして、七転八倒の苦しみで、朝起きてみたら木の葉や山の分からんようなものを食わされとったで、敵《かたき》を討ったる思っとったところが、狐が来て、

「夕べのご馳走は」

言うたで、

「とてもご馳走でした。今度は、お前は魚が好きだで、魚ぁ取る方法を教えちゃる」

いうたら、狐が喜んで、

「ま、教えてくれ」

いうたで、狐を連れて他所の養魚場へ連れて行って、魚を飼うてある池へ。そして、

「わしのするのを見とれ」

いうて、尾っぽを池の中へ浸けて、しばらくして大きな鯉を一匹釣り上げて、

「この通りだ。見てくれ」

いうて、狐に見せたですって。そして、

「お前も明日の晩行って、尾っぽを浸けれ」

いうて言ったですげな。

そしたら、その晩は、いい月夜だって、だんだん、だんだん冷えてきたんです。ほいでカワウソが、

「尾っぽを浸けとると、尾っぽに魚が食いつくで、ピクッピクッと尾っぽに食いつくで、それをこらえて、ピクッ、ピクッと魚が引くまで浸けとるとええ」

いうて教えたですがな。

それで狐は、夜は冷えてくるし、池は凍ってくるし、ちょっと尾っぽを持ち上げると重たいし、

「ああ、もうちょっとようけ魚が食い付くんだな」

と思って、ちょっと上げてみると尾っぽが上がる。もちょっと食い付かせよう思って、うっそ、うっそ寝とる間に、夜が明けて、その池のおじさんが出て来て、

「また狐が出とる。この間から鯉が少ななる思っとったら、この狐の仕業だったな」

いうて、その狐を棒で、ひどいことくらがして（叩きまわして）、それで狐は尾っぽをぐっと持ち上げたときに、尾っぽが切れて、狐は山へ逃げてしまった。

カワウソが敵討ちした。

（通観535A「尻尾の釣り──魚盗み型」　採録　細見正三郎）

和尚と小僧―餅は阿弥陀―一三

お寺に、ちょっと間の抜けた和尚さんと、小僧がおって、和尚さんは餅の好きな和尚さんで、檀家から重箱に、一杯《いっぴゃあ》餅を入れて供えに来なった。それをば阿弥陀さんの前に供えて、和尚さんが小僧に、

「このぼた餅は数が数えてあるで、食ったらすぐ分かるで、食われんで」

言って檀家へ行った。

そのあとで小僧さんは、ぼた餅が大好きなもんで眺めとったけど、食いとうなって、指ぃあんこをちょっと付けて食ったら旨いし、また、ちょっと食い、また、ちょっと食いして餅がちょっと白ぅなった。そうしたら小僧は、和尚さんは戻れへんし、一つやそこら食ったって分かりゃせん思って、食ったら旨《うも》て旨て、も一つ、も一つ思って全部食ったですって。

そして、自分がみな食べてえて、ぼた餅一つ、その阿弥陀さんの口に擦《にし》りつけといて、和尚さんが戻って来たら、

「阿弥陀さんが、みな食ってしもて、口があんこだらけだ」

いうて、したら和尚さんが、

「阿弥陀さんに聞いてみようか」

いうて、阿弥陀さんを叩いたら、阿弥陀さんは金《かね》で出来とるで、

クワーン　食わーん　食わーん

言うたって。

（通観598「和尚と小僧―餅は本尊」　採録　細見正三郎）

ゴンと狗賓《ぐひん》――一四

嘘つきのゴンという木挽きが村におって、そのゴンは、へそ曲りで、人が「大きい」言うと「小さい」言う。「長い」言うと「短い」、「短い」言うと「長い」言うして、人が、「ゴンのへそは背中に付いとる。あの者はアマンジャクだ」いうて、それでゴン言わんと、アマンジャク言うとった。

そのゴンは木挽きだもんだで山へ行った。大きな大きな焼き飯（焼きむすび）を持って、酒が好きなもんだで竹筒に酒を入れて持って山へ行った。そして自分の気に入る木を探したらあったって。桧の二抱えもある大きな木があって、それを見て、例のアマンジャクを出して、「こんな細い、わしの小指《しれこべ》みたいなもんは板切れの、継ぎ板にもならへん」いうて、持っとった鉈《なた》で、木をコツンと叩いたそうです。

そうしたら木が見とるまに、大きぃ大きぃなって十《と》抱えもあるような木になって、末っぽは天まで届くようで。それを見たらゴンは、

「天井が破けて落ちてきたら、わしも死んでしまう」

いうて、その木に向かって、

「なんの役にも立たん。こんな木には洞《ほら》があって板切れにもならん」

いうて、鉈でゴンと叩いたら、木がどんどん、どんどん小《ちい》さなって、手首ぐらいになってきたで、

〈こんな手品遣いみたいな木は面白い。切って去んで見世物に出したら、あっちの方からも、こっちの方からも見に来て大金持ちになろう〉

思って、悪い心を起こして、鉈で切ろうとしたら、後ろから、

「こらーっ」

いう割れ鐘のような声がして、首筋をぎゅっと摑んだもんがある。後ろを振り向いてみたら狗賓さん（天狗）だった。その狗賓さんの鼻は、枯れた松の木の太いようなもんで、それで、

「ああ、狗賓さん、わしは絶対に言わへんで、こらえてくれ」

いうたら、

「ならん」

いうて、

「この下の谷にぶち込んでやる」

いうで、あわてて、

「狗賓さん、もうしゃあへんで、こらえてくれ」

いうても、

「こらえられん」

いうて、ゴンをちょっとつまみ上げて、谷へ落とそうとしたで、ゴンは、蟹《かに》が潰れたようになる思って、怖《こわ》なって、

「狗賓さん、こらえてくれ。狗賓さんが欲しいものがあったら、なんでもやるで」

いうたら、

「握り飯をくれ」

いうたで、握り飯をやったら狗賓さんが、むしゃむしゃっと食って、その頭ほどある握り飯を、五つむしゃくしゃくしゃっと食ってしまったで、ゴンが、もうこらえてくれた思って、去《い》のうとしたら、

「まんだ、こらえられん。そこに転がっとる竹筒をくれ」

いうで、ゴンは大事な竹筒だけどやったら、ちょっと詰めぇ抜いて一口飲んだら、ええ味で、いままで飲んだことのない、ええもんで、狗賓さんは一升の酒を、ゴクッ、ゴクッと三口ほどに飲んだげな。ほうしたで、ゴンは、もうこらえてもらったように思って、帰りかけたら、

「まんだ、こらえられん」

いうて、狗賓さんは酒がうまあて、飲みたなって、

「ゴンが家に持っとる酒を持って来てくれたら、こらえたろう」

いうで、ゴンは仕様がない、取って来う思って、取りに去《い》のうとしたら、狗賓さんが、「お前は、嘘をつきそうげな顔をしとる。嘘をついて来なんだら困るで形《かた》を置いとけ。そのガンド（木挽き用の大きなのこぎり）を置いとけ。お前が酒ぅ持って来たら返してやる」いうで、ゴンは大事なもんだけど、ガンドを置いて帰ろうしたけど、ほいと思い出したって。「狗賓さん、わしが酒を持って来ても、ただ取りされたら困るで、酒ぅ取り上げてガンドを取られたら困るで、なんど形《かた》をくれ。それを持って来たら酒ぅ持って来る」いうたら、狗賓さんが酒に酔うて大事なうちわを貸したですって。

それでゴンが、うちわに乗ってパタッとしたら空中を飛んで、ぽんとゴンの家まで空中散歩ぅして戻った。それが面白うて、ゴンはうちわに乗って、

「あっちの寺へ行け」

「こっちのお宮に行け」

言うては、注文しては遊んどった。そいて、ふと悪い心を起こして、

〈このうちわを持っとったら町へも行けるし、都へも行けるし、ガンドは銭ぅ出したら買えるし。このうちわは返すまい〉

思って、たんすの引き出しぃ隠してしまったですって。山の狗賓さんは、

〈あのうちわで帰ったで、間もない帰ってくるだろう〉

思って待っとったけど、なんぼ待っても戻って来ん。昼過ぎても戻って来んで、

〈こりゃあ謀《たばか》られた〉

思って、親方の狗賓さんのところへ報告に行ったら、親方の狗賓さんが、

「ばかもん」

いうて、そのうちわで、ひょいと狗賓さんの頭をなぐったら、痛いのなんのって。それで狗賓さんは、ワァーワァー泣いてするで、

「お前みたいなもんは、もう下界に落としちゃる」

いうて怒られて。それでも、あんまり狗賓さんが泣くもんで、親方の狗賓さんが可哀相になって、

「仕様がない。代わりのうちわを貸しちゃるで、ゴンの家に行って取り返して来い」

いうて、うちわを貸してくれたで、そのうちわに乗ってドーンと落ちたとこは、ゴンの家の前だったげな。

ほしたら狗賓さんは、親方には怒られるわ、ゴンには嘘をつかれるわしたもんで、そのうちわで、ひと打ち、ばさっと扇いだら、ゴンの家は潰れて、下からゴンが出て来たで、それをつかまえて、腹が立っとったで、ごーんとゴンをくらかしたら（なぐったら）ゴンの目玉がちゅうと出てしまって、ほして、うちわは取り返されてしまい、狗賓さんは山に帰ってしまい、ゴンは変な顔になってしまった。

（通観662「宝物交換」　採録　細見正三郎）

〈注〉お爺さんから聞いた話。話のあとで、「静や静や、人をたばくらかしたらあかんで」と、頭をなでてくれたという。

河太郎退治——一五

弥栄町の黒部から船木への近道がある。そこを通ると、大きな溜池があって、何十町歩の田を養っとる。そこに河太郎がおって、河太郎が人を引っ張って溜池の中へ入れて、臓物《ぞうもつ》を引っ張り出して食べた。

そんなことが重なって、毎年毎年《まいとし》あるもんで、村の人らが困って、

「河太郎を、どうとかして退治したい」

と言って、村の総集会を開いた。

「河太郎退治は、あの道をどうしても通らんならん。あれは宮津街道にもなっとるし」

いうことで相談した。

「あの、朝間見ると、臓物ぅ抜かれて、ぷいと浮かんどる。なんとかせねば」

いうて意見を求めたら、

「銛《もり》を持って盥《たらい》に乗って突こう」

「いや、盥を引っくり返されたらあかん」

「そんなら舟を借りてきて退治しよう」

「舟ぅ浮かべても河太郎が引っ張ったら、みんな河太郎の餌食《えじき》になる」

「そんなら、どうしようか」

いうとって、ある人が、

「そんなら餌《えさ》を投げて釣ろうか」

「それなら誰も犠牲者は出んし、一遍、とにかくしてみようか。あかんでも、あいても（成功しても）ええで」

いう相談がまとまって、牛とぎ場（屠殺場）から牛の腸《はらわた》ぁもらって来て、間人《たいざ》から魚網のいらんのをもらってきて、それに牛の臓物を包んで、それを道の土手に杭《くえ》ぅ打って、それを縄で括《くく》って池の中に投げ込んで、河太郎が、それに手を掛けたら少しずつ道の方へ引っ張って、岸へ人が立っとって、刺股《さすまた》や熊手とか、鍬や鎌を持っとって、河太郎を岸まで引き寄せて、どうとかして岡へ引き上げて、河太郎の頭の皿には水がなかったら、河太郎は生きておられんで、その頭に麦藁に火ぅ付けて焼こういう相談ができて、溜池の近くの林に牛とぎ場から牛の腸をもらってきて、魚の網に包んで縄できゅっと括って、道の下に杭ぅ打って、それに餌の縄を括り付けて池の中ぇ入れて、見とって縄がピック、ピック動いたら、そうっと引き寄せるちゅうことにして、力のある若者が餌を溜池へ投げて、暗いうちに投げ入れて、力の強い者が引っ掛ける物を持って、息を潜めておったら、ピクッと動いたですって。それで、そろりと縄を引き、またピクッとしたで、そろりと引きして、どうにか河太郎が餌に食い付いたのを引いて、土手際まで来たですって。それで待っとった者が、力いっぱい道まで引き上げて、麦藁の火のついたのを河太郎の頭ぇ載せたですって。

それでまあ河太郎は、叩かれるは、火が頭の皿を焼くはして、くたばってしまった。見たら五つぐらいの子どもの体だった。それから、もう河太郎は出んようになり、その道は安心して通れるようになり、いまも残っています。

（通観689「河童釣り」参照　採録　細見正三郎）

〈注〉河太郎。河童のこと。

間人《たいざ》は、丹後町にある漁港で間人蟹が有名。聖徳太子の母は、間人《はしうど》皇后で、間人に退座されたので、ハシウドと読むのは恐れ多いというのでタイザと読むという伝承がある。間人には立岩《たちいわ》が海にあり、後《のち》ケ浜の海とともに景勝地である。間人皇后と聖徳太子の像が立てられている。

狐退治――一六

ある村の峠に、悪賢い狐がおって、そこを通らんと隣村へ行かれん道だったのをよいことに、そこを通る旅人を化かして、川の中に入れて湯だなんてしたり、娘になってだましたりしとった。そんな悪いことばかりして、よその祭りに呼ばれたご馳走を食ったりして、村の者が手を焼いとった。

そしたら村の知恵者《しゃ》がおって、若い者が。

「わしが行って退治してみよう」

いうて、峠に行って、狐に、

「お前は、なかなか化けるのが上手だ。感心したけど、わしも結構化けるで。化かしやいをしてみようか」

いうたら、狐が笑って、

「そりゃあ、ええことだ」

「そりゃあ今日は、そのまま帰るで、明日の晩げぇ来るわ」

いうて、明くの日の晩げ、若者は、とてもきれいな若衆になって峠を上がってきました。そしたら狐が、それを見とって、木の葉を顔やそこらじゅうに、ぺたぺたっと付けて、くるっとひっくり返ったら、目も覚めるような、きれえな娘さんに化けた。それで若者が、

「お前は上手だ。わしの負けだ。明日の晩、また来るで化かし合いしよう」

いうてしたら、

「する」

いうことで、今度は若者は、汚ない爺さんに化けて上がって来たそうな。ほうしたら狐が、また木の葉を頭に付け、そこらじゅうの土を付けて、くるっくるっと舞うたら小判になった。それを見て若者が、

「ああ、今日もわしが負けた。年寄りになって小判が欲しいいうのを知っとった」

それで、

「こんな化かし合いをしとったら、何日かかるか分からんし、勝負を決めようか。お前とわしの中で」

いうことで、

「承知した」

いうて、

「お前が持っとる知恵を、みな出して、わしの言う通りに化けられるか。お前が負けたら山からおらんようになれ。わしが負けたら鶏をやる。二匹もやる」

いうことで、化け狐は、もう貰ったように思った。

「そんなら化けて見せ」

いうたら、また木の葉を、べたべたっと付けて、ひょっとひっくり返ったら、とてもきれいな別嬪《べっぴん》さんになった。

「よし、分かった」

いうと、また、木の葉を付けて、ひっくり返ったら、それは、それは立派な若者になりして見せた。

「お前のよう化けるのは分かったで、今度は、わしの言うもんに化けて見せ」

いうと、

「化けるで化けるもんを言え」

「そんなら金の玉に化けてくれ」

言うたら、また、そこの土を拾って玉にしたら金の玉になった。

「お前は、なかなかよう化けるけど、こんな大きな玉では、どうしようもないで、もっと小さくなれるだろう」

いうたら、

「なんぼでも小《ち》そうなる」

いうて、順々に小そうなって、手まりぐらいになった。

「もっと小そうなれ」

いうと、小そうなって、卵ぐらいになり、

「もっと小そうなれ」

いうと、

「小そうなる」

いうで、

「そんなら、小指の先ほどになれ」

いうたら、小指の先ほどになったで、若者は持っとった袋に入れて、口をきゅうっと締めて括ったです。

　狐が、びっくりして動くだけど、袋の中だで思うように動けんだし、若者は綱ぁ持って来て、ぐるぐる巻きにして村ぇ帰ってしまったで、もう、その悪狐は出んようになった。

（通観784「袋狐」　採録　細見正三郎）

話堪能——一七

あるところに、とてもきれいな娘さんを持っとるお父さんがあって。きれえな娘さんが欲しいもんですで、村の若い人たちが貰いに行ったですわ。

お父さんは、とても話の好きな人で、

「わしに、もういらんいうほど話をしてくれる者に娘をやる」

いうたら、次々に若い者が来て話をするですけど、お父さんが満足して、娘をやるいうところまで話が出来《でけ》なんだ。

ところが、ある若い衆が行って、

「娘さんを欲しい」

いうて頼んだら、

「わしが、話をいらんいうほど十分してくれたら娘をやる」

いうことですげな。

それで若者が、

「おじさん。ズイキ芋（里芋）はええもんで葉も根も食われるなあ。おじさん、ズイキ芋はええもんで葉も根も食われるなあ……」

いって、何回も何回も言っておったら、とうとう、そのおじさんが、

「もう、その話は飽いた」

いうて、その若者は、その人の娘をもらって帰った。

（通観841「話堪能」採録　細見正三郎）

〈注〉「話堪能」は「果てなし話」ということができる。同じことを繰り返すもので、「池に木の実が落ちる」「米蔵から蟻が一粒ずつ米粒をくわえ出す」「猿が次々に飛び出す」「崖から石がつぎつぎに転がる」など多種ある。掲載話のズイキ芋（里芋）の話は、島根県でも採録されている。ズイキ芋は、根が小芋で、茎がズイキで、芋も茎も食べることができる。岡山県では、ズイキ芋が、大根になり、「大根は根も葉も食える」を繰り返す。

鼠経——一八

旅の人が日が暮れて、一軒の家ぇ来て宿を頼んだら、主人が、

「よう泊めん。実はいま取り込み中であかん。それでもお経を拝むようだったら泊めてあげる」

言ったで、もう日も暮れたし、こんな峠をよう越さんし思って、〈ま、その時はその時だ〉思って、

「お経を上げます」

いうて泊めてもらったですって。

そしたら早速、

「お経を上げてくれ」

いうことで、お経は知らんし、どうしようかなあ思っておったら、鼠が仏壇の上をちょっと跳び、ちょっと跳びしとるで、思いついて、

「おんちょろちょろ、またちょろちょろ、下へちょろちょろ上へちょろちょろ、おんちょろちょろ、なむあみだぶつ。おんちょろちょろ、またちょろちょろ、東へちょろちょろ、西へちょろちょろ、おんちょろちょろ、ありがたや、なむあみだぶつ」

カーンいうて、合間、合間に数珠をもんで、ちょっと見たら、鼠がおらんようになったで、

「おんちょろちょろ、またちょろちょろ、ありがたや、なむあみだぶつ」

カーンと鉦を叩いたら、主人が後ろから、有難がって、その晩は泊めてもらった。そしてご馳走になって、明くる日は弁当もらって、その人は旅に出た。


（通観901Ａ「念仏と泥棒—鼠経型」参照　採録　細見正三郎）

風呂は湿田——一九

船木の、いま宮津街道いわれとる道は、昔は坂道だった。船木と等楽寺（いずれも弥栄町）とは、祭（祭の日）が違っとって、等楽寺に親類のあるお爺さんが、祭に呼ばれて行ったですって。等楽寺でご馳走よばれて、もう日が暮れたで、

「送ってやろうか」

いうのを、

「いやいや、まんだ明るいし、ひとりで帰る」

いうて。そこの家のに、重箱に強飯《こわめし》（赤飯）やら祭の御馳走《ごっつぉう》をいっぱい荷ぃしてもらって、竹の前と後ろに付けてもらって帰った。

そしたところが、その坂へ上がりかける頃、暗うなってきた。酒ぅ飲んでおるだし、〈こりゃあ日が暮れるけど、また慣れた道だし〉思って帰ってきた。酒ぅ飲んで、ひょろひょろして峠を下りて、そこに右へ行く道と左へ行く道とがあるですわな。右へ行ったら船木、左へ行ったら黒部街道（弥栄町黒部への道）のところにある一本松へ行く道だったが、酒によう酔うとっ

たで道を間違えて、左へ行ったたですげな。ほいたら暗うなっただし、向こうの方に明かりがとぼっとったで行ったら、その明かりのある家から別嬪《べっぴん》さんが出て来て、

「まあ、旦那はん、ここで一服しなはれ」

いうたで、疲れとったで、やれやれ思って、煙草ぅしたですげな。

　そうしたら、

「風呂が沸いとるで入《はい》んなれ」

いうもんで、

「汗もかいたし、入らしてもらおう」

いうて、風呂に入ったたですげな。そいで、いい気持ちになって、あっちぃ行き、こっちぃ行きしとったら一晩中。

　明こうなったで、薄暗いのに間人《たいざ》の魚屋が宮津へ魚ぁ買いに行くとて、そこへ行ったら、爺さんが、頭に手拭い載せて、うろうろしとった。

〈あっ、この坂には狸が出る。化かされとるだ〉思って、

「何しとるだ」

いうたら、

「ああや、魚屋さんか、お前もここへ入れ」

いうで、魚屋が大きな声で、

「何を言うとるだ。狸に化かされとるだないか。そこは湿田《じるた》だないか」

いうたら、気が付いて、目が覚めて、よう見たら、ほんまに湿田だった。

それで上がって脱いだ着物を着て、帰ろう思ってしたところが、茶屋でもありゃへんし、着物は道端の桑の木に掛かっとっただし、竹で担《にな》ってきた重箱や何かは、散らばっとって、何《なあーん》にもなかったって。


（通観1005「風呂は野壺」採録　細見正三郎）

ぐんや塚――二〇

船木に、ぐんや塚いうのがある。

昔々、ずうっと昔、船木に、ぐんやいう博労がおったそうです。

その博労は、とても性質《たち》の悪い博労で、牛など替えことぅしようういうて、ぐんやの言い分を聞かんと、

「赤猫にしてやる（放火してやる）」

いうて、実際にしたそうです。そんなことが何回もあって、村の衆が、お上に願っただそうです。そうしたら、お上の言うには、

「もう、ちょっとも帰らん所へ送ってやれ」

言いなって、庄屋さんが村の衆を集めて、

「こうこういう許しが出たが、どうしよう」

いうたら、

「村中、火事にされたらしょうがない」

いっても、いつもいじめられとるで、よう話は出来《でけ》んし、酒好きな人だで、集まって酒盛りを開こう」

いって、ぐんやを呼んで酒盛りを開き、ぐんやを酒に酔わして、穴ぁ掘っとって、そこへ落として上へ土ぅ落として出られんようにし、ぐんやには、内儀《おかみ》さんがおったで、内儀さんを呼んで、

「ぐんやが酒に酔って寝とるで、迎えに来い」

いうたら、内儀さんが来たで、内儀さんも穴に落として上から土を入れて始末してしまった。

そういうところで、「ぐんや塚」いうそうだが、母が「船木には、ぐんや塚がある」言っとったが、現場へ行ったこともないし、どこにあるか知らない。

（採録　細見正三郎）

〈注〉岡山県真庭市黒田（旧真庭郡美甘村）に長四郎御崎《みさき》という、同じような話がある。

撞かずの鐘——二

ある秋の日に、その土地の、結構どもならず（どうしようもない）のおばさんが金扱《かなこ》ぎ（千歯扱ぎ）で稲の籾を扱いどった。そこへ和尚《おっ》さんが托鉢に来なって、

「成相山《なりあいさん》の鐘を造るのに寄附してくれ」

言いなったら、そのおばさんが、

「家は貧乏たれで、そんなあ人（他人）の鐘を造るのに、一銭も出す金《かね》はないだわなあ」

いうで、

「それでも、金はのうても、なんなっと寄附してくれ」

言うただ。そうしたら、

「ここに泣きべその子がおるで、この子をやる」

言うただ。そうしたら和尚さんは、あきれなって、なんにも貰わんと、子どもを連れんと帰んなった。

そうして成相山の鐘を鋳ったら、なんぼうしても鳴らん鐘だった。

「これは何か足らんもんがある」

いうて、みんな考えるだけど分からん。そのうち、「子どもをやる」言われた和尚さんが、

「あれかも分からん」

いうことで、子どもを連れて来て、その子を入れて鐘を鋳たら、その鐘を撞いたら、その鐘が、

ホワーン　ホワーン

と、赤子の泣く声がしたで、それから鐘は撞かれんことになった。

（採録　細見正三郎）

〈注〉成相山は、京都北部の宮津市にあり、標高五六九メートル。天橋立の北にあり、その展望地。成相山麓に成相寺があり、天橋立を見下ろす景勝地。撞かずの鐘がある。

わらじくれ——二三

昔いうても、そんな大昔ではなかっただろうけど、博労しとったおじさんが、来見谷《くるみだい》（弥栄町）へ厩出し《まや》（牛の売買）の話に行って、買い手がつき、一杯呼ばれて、もう日が暮れかかったで、「泊まれ」言いなったけど、

「慣れた道だ、帰る」

いうて、帰ってきたですって、もう日が暮れとったですけど。

＜大金坂を下ったら道が分かっとるで、どうもない＞

思うて、大金坂を、竹枝を拾って溝だか道だかを分け持って帰って、山の神さんいうて、そこに椎の木の森があるですわ。そこまで戻ったら、ピッチャ、ピッチャいう足音が聞こえる。振り向いても何《なん》にもおらんだし、歩いとったら、

「わらじくれ、わらじくれ」

いうて、

＜まあ、おかしなこった。こりゃ狸の仕業の悪いこっちゃ＞

思って、おじさんは、

「ほら、やろう」

いうて、放《ほ》くったですって。わらじの片一方を放って、〈これでよい〉思って、〈足が痛《いと》ても去《い》ぬるだ〉思って、帰ってきたですって。

ほいてまあ、しばらくして、また、

「わらじくれ、わらじくれ」

いう。大栗谷口まで来て、

「そんならやろう」

いうて、残った方の一方のわらじを放くったですわ。それでもう「わらじくれ」は言わへんだし、家まで戻ってみても、化かされたようにないし。朝ま目を覚ましてから、わらじ放った山の神さんの所まで来てみても、わらじは見えんだし、これはやっぱし、狸が足が痛いで、わらじくれ言うたんだと思ったって。


（採録　細見正三郎）

地蔵の首――二三

昔、船木のような村に、かんしゃく持ちの殿さんがおんなって、お母さんが早く亡くなっただし、お父さんが亡くなる前に枕元に呼んで、

「お前は、かんしゃく持ちだで、とてもこの城を守ってはよういかんで、後見者に寺の和尚さんを頼んである。和尚さんの言うことは、わしの言うことと同じだから、逆らったらいかん」

言って亡くなり、お殿さんの菩提寺の和尚さんは、とても偉い人で辺りに名の知れた隠居さんだった。その和尚さんは、若殿さんが、かんしゃくを起こしたら家老が使いをおこすと、行っては教育しておった。

　ある日、若殿さんが、

「野掛けに出る」

言って、供揃いをして、自分の領地の村を回って野掛け（野遊び）をしとった。そしたら、ある村に来たら、道端にお地蔵さんが祀ってあって、そこに来たら、そのお地蔵さんを見て馬が棒立ちになり、若殿さんを振り落とした。若殿さんは、田んぼの中へはまって泥まぶれになっ

た。そいで、

「無礼者めが、この首を叩っ切ってやる」

いうて、刀を抜いて、お地蔵さんの首に振り下ろしたけど、そんな首が切れるはずがない。刀が曲がってしまった。お殿さんは怒って、お地蔵さんを田んぼの中へ転がしたですって。

　そして二、三日して、また来たら、お地蔵さんが、また元の所へ祀ってあったで、また馬が棒立ちになり、お殿さんを田んぼの中へ転がしたですって。それで、またお殿さんが怒って、またお地蔵さんを田んぼの中へ転がしたですって。へたら、また、好奇心が強かった殿さんが、二、三日して、その道を村に来たら、また、お地蔵さんが、ちゃんと、そこへ祀ってあったで、お殿さんは腹を立て、また田んぼの中へ転がしたですって。

　へたら、また好奇心が強かったか、二、三日してから、その道を村へ来たら、また、お地蔵さんが、ちゃんとそこへ祀ってあったで、かんしゃく持ちの殿さんは、腹を立てて、

「わしが何回も何回も転がしとるのに、この地蔵は元の所へ、ちゃんと立っとる。元の所へ置いとるのは誰だ」

いうて、

「誰だ、調べえ」

いうて、家来が調べたら、与作が、その田んぼの持ち主で、田を作っとるのが分かった。そしたら、

「与作を呼んで来い。首ぅ切っちゃる」

言うで、家来が仕様事《しょうこと》なしに、首など切れへんだろう思って、その与作さんを連れて来たら、与作さんが殿さんの前へ座って謝ったですけど、

「首ぅ切る。いますぐ首ぅ切る」

言うだし、その噂は、すぐに村中に広まって、与作は、孫娘のおつると住んでおったが、おつるにも伝わって、おつるも急いで、そこへ行って、

「お爺さんを切る代わりに私を切ってくれ」

いうて、手をついて謝ったけど、

「許さん、そんなら二人とも首ぅ切ったる」

いうて、刀を抜きかけたで、家来が止めても聞かんで、家老が寺へ上がって和尚さんを呼んで来、

「こういうことだ」

いうたら、和尚さんが、

「こらえてやってくれ」

いうて頼んだですけど、

「ならん、ならん。三回も、わしは、この田の中へ転がった。この地蔵のせいだ。その地蔵を何回でも洗っては、元の通りに祀っておる。誰が何《なん》と言おうと、許すことはあいならん」

いうておる。それならと和尚さんが、

「二人をどうしても切る言いなるなら、わしを切ってからにしてくれ」

言われた。

そう言われたら、いくらかんしゃく持ちの殿さんでも、お父さんからの遺言をされとるんで、よう切らずに、刀を抜きかけては入れ、抜きかけては入れしとって、自分の威厳が示されんもんで、刀を振り上げて、

「切る」

言われたで、和尚さんが、

「どうしても許されんのなら、どうしたら許してもらえるか」

と言われたら、

「この地蔵の首を、与作が刀で切ったらこらえたる」

いうて、

「そんな、殿さんがよう切らんような地蔵さんの首を、刀ぁ持ったことのない百姓の与作が切れるはずがない」

と言われても、

「いや、切らな許さん」

いうで、そんなは難題中の難題だと思ったけど、

「そんな、与作は百姓で鍬ぁ振り上げるほかは知れへん。つるは、なお知れへん」

いうて、何度となく頼んでも、ちょっとも聞かなんだですって。それで和尚さんは、

「そうなら、与作は年寄りだし、そんな、地蔵さんの首を切るようなことは、ようせえへん。とにかく、この地蔵さんの首が、どうとかして落ちたら許してもらえるか」

いうて頼んだら、

「許してやる」

言われて、和尚がしばらく考えておって、

「そうだったら掛矢《かけや》（大きな槌）で、この首ぅ打ち落としたら許してもらえるか」

いうたら、

「許してやる。その掛矢で、いますぐ打ち落としてみい」

いううたですが、和尚が、

「そんな、すぐなんてことは難しい。掛矢でお地蔵さんの首を落とすなんちゅうことは難しい。十五日間待ってもらえんか」

いうて、したら家来も取りなし、

「十五日と日を限って、その時に地蔵さんの首が落ちなんだら、誰が言おうと首を切っちゃる」

いうて、まあしたですし。

村の者も全部集まって頼んでも殿さんは聞かんだし、そうしたら、そんな約束をば和尚さんがしなるだし、村の者は心配になって、

〈刀で切れんような、お地蔵さんの首が落ちるはずがない。お地蔵さんの首は短いし、肩から続いたような、そんなものが切れるはずがない。ひとなぐりや、ふたなぐりぐらいで〉

思っておるだし、和尚さんは何食わぬ顔で、

「そうなら約束しなったが、それでええのですな」

いうことで、殿さんは馬に乗って帰るだし、みな帰った。和尚さんも帰ってきたで、

「和尚さん、どうしなる。なんぼ与作が掛矢を当てても首を落としたりはようしならん」

いうたら、

「与作には、孫娘のつるがおる。つるの婿には大工が決まっておる。その大工にやらす」

「大工だって掛矢は使っとるけど、地蔵さんの首を落とすことはでけん。心配なことだ。あの二人は助からん」

いうて、心配した村の者や、寺の雲水たちは心配して、和尚さんに言うたら、

「まあ、心配するな。仏さんが助けて下さる」

いうて、すぐに石屋を呼んで、

「お前に頼みがある」

「どんな頼みです」

「この地蔵さんの首を、のみで二つに分けてくれ」

いうで、

「そんな難しいこと、ようしません」

いうたら、

「そんなこと言わんと、わしを助ける思って、与作らを助ける思って、のみを使うてくれ」

言いなるで、どうしようもなく、

「何日ぐらいでしたらええですか」

「十五日ぐらいでええ」

言うし、石工も困ってしまって、信仰しとる和尚さんだし、

「そうなら、やれるだけやってみましょう」

いうて、

「そんなら地蔵さんを運べ」

いうて、雲水が地蔵さんを、寺のいちばん奥へ置いて、石工が、コツリ、コツリと削り始めた。

一日しても、なんぼも削れへん。石工は、ろくに飲み食いもせんと、和尚さんは側でお経を

上げとるだし、並んで上げとるだし、石工は、コツリ、コツリと石を削るだし、人の一心は怖いもんで、十四日目の晩げ、やっと首を離して、

「和尚さん、やっと離れました」

いうたら、

「うん、離してくれたら、今度は漆喰《しっくい》で食っ付けてくれ」

いうことだ。切るのは難しかったけど、着けるのは易いことだった。引っ付けたら、今度は、

「洗濯婆さんを呼んでくれ」

言いなって、

「いまどき、夜中だのに呼ばれません」

「いや、ぜひとも呼んでくれ」

呼んだら、その婆さんに、

「町へ行って、新しい赤い布《きれ》を買うてきて、よだれ掛けを、すぐ縫うてくれ」

いうて、

「和尚さんは、無理を言いなるで、しようがない」

言いもって、布を買ってきた。そしたら、

「前掛けを括るのは太いのにしてくれ」

いうし、洗濯婆さんは、〈どうで（どうして）、こんなことを言いなるだろう〉思ったけど、和尚さんに急《せ》き立てられて、前掛ぅ縫ったら、

「よし、それでええ」

いうことで、和尚さんが地蔵の首ぃ巻いて切れを隠し、まあ翌日は十五日だで、殿さんとの約束の日だで、お地蔵さんを村の若い衆に担がせ、車に載せて通り堂（船木にある堂で、禅勝寺の一の門）みたいな所へ祀って、殿さんが来るのを待っとった。

　その前に、お地蔵さんを寺へ運ぶ前に、つるの許婚《いいなずけ》の大工を呼んで、

「お前は知っとるだろうけど」

いうて、

「つるや与作を助けたかったら剣道を習え」

いうて、

「刀ぁ握ったことも、差したこともあらん」

いうて断わっても、

「そうなら、わしが死ぬる」

言うたで、

「そんなことではどもならん。二人を助ける思って習ってくれ。一生懸命は岩をも通すいうじゃ

ないか。そのつもりで習え」

いうて、町の剣道の先生を連れて来て、

「大変勝手なことを頼むけど、この若者に剣術を教えてやってくれ」

いうて、和尚さんが頼みしたら、

「そんな、刀で石を切ろうなんちゅうことが、そもそも間違っておる。無理なことだ」

「そんなことが出来《でけ》んなら、わしの首が落ちてしまうだ」

いうて、その先生も信仰しとる和尚さんが、そんなことを言いなるで、

「そんでは、わしも力いっぱいして、大工の若者に刀の抜き方なっと教えたる」

いうて、お寺の本堂で気合いを入れて、その若者を指導したで、師匠も一生懸命なら、習う者も命懸け、二人の命が懸かっとるもんで、一生懸命、刀でない掛矢で首を切る術を教えたら、とにかく身に付いた。

いよいよ、その日が来た。村のあたりじゅうの者が、町の人らは噂を聞いて、見物の人が小山のように集まり、道にいっぱいになり、田の畦まで、いっぱいになって、とうとうその日を迎えたですって。

お地蔵さんも祀ってあるだし、殿さんが馬で乗って来て、落ちたら恥だ思ったか駕籠に乗って供揃いしてやって来た。

　そしたら和尚さんが、

「若殿さん、この通り、今日は、この若者が首を掛矢で落とします。約束通り出来《でけ》たら検分してくれ」

言われたら、殿さんが床几《しょうぎ》に座っとって、〈刀で切れんもんが掛矢で切れるか〉思って、心では〈困ったことだ。和尚と二人の首ぅ切らんならんか〉思って、そろそろ心配になってきた。家老も心配し、家来も心配しておったが、和尚さんは自信ありげに泰然としておんなった。

　みんな心配するし、見物人は心経を唱えて、お経の声が、わいわい響きしとったです。

　和尚さんが緋衣を着てしゃんとし、おつるも与作も、大工の若者も、若者は襷《たすき》を掛けて鉢巻きを締めて待っとったら、和尚が赤い扇を出して、今だいう合図をし、大工さんが殿さんの前で礼をして、欅の木で作った大掛矢を持ち上げて、剣道の先生が、刀のつばを持ち上げて合図をしたら、若者が、

「やあーっ」

と気合いを掛けたら、その気合いが、ほんまに剣道の達人以上に山の方まで拡がって、その気合いといっしょに、ぱっと掛矢を地蔵さんの首に当てたら、首が、ぽろんと落ちて、田んぼの方へ転がった。そしたら、みんな喜んで、やいやい言うて喜んで、大喜びで手を叩いて喜んだ。

和尚さんが、

「殿、これでようありますか」

いうと、殿さんは、

「よい」

言うて、殿さんは帰んなった。

その後で、みんなは手を叩き、声を出して喜んだ。和尚さんは、

「これは仏さんのおかげだ」

いうて喜んどったし、与作もつるも助かって。

それから先、殿さんも、馬鹿げたことをせんようになったいう話です。

この話は、お婆さんから聞いた。


（採録　細見正三郎）

二　その他の語り

お大師さんと風呂──一

あるとき、汚《きちゃ》あ坊《にゃ》さんが、

「泊めておくれんか」

いうただそうな。ほしたら、おかみさんが、

「泊めてあげようか」

いうことになって、

「そうなら坊さん、風呂に入ってくれんか」

いうことになって、五右衛門風呂に入れたところが、旦那が戻って来て、

「汚あ坊さん泊めて」

いうて、叱って、

「先ぃ風呂に入れて」

いうもんで、坊さんが、

「こりゃあ悪いことでした。風呂を下ろして新しい風呂を沸かすで入《はい》っておくれ」

いうて沸かして、

「さあさ、入っておくれ」

いうて、坊さんは出なっただし、その後ぇ旦那が風呂に入って、

「ああ、ええ湯だ」

いうて、上がろうとしたら下水板《げすいた》が尻に引っ付いて上がれえで、ガンド（鋸）で切ったり、はつらかしても（削っても）取れんだし、

「尻に付けたまま四国巡りをしよう」

いうて、四国巡りをしたら下水板が取れた。

その坊さんは、お大師さんだった。


（通観15「遍路とげす板」話者　森野満江　採録　細見正三郎）

すりこ木隠しの雪——二

昔、船木の村はずれに一軒家があって、一人暮らしのお婆さんがおったげな。十一月二十三日の夕暮れに、お大師さんが立ち寄って、

「今夜泊めてくれんかえ、そして晩飯もよんでくれへんか」

といいました。お婆さんは一人暮らしで、

「お金も米もちょっともあらへんで、食べて貰う物がなんにもない」

言うと、

「それなら、あそこの稲木に稲が掛けちゃるで、あれを取ってきて食わせてくれんかな」

「お大師さん、おらは、こういうすりこ木の足（棒のような足）だで、行くとすぐ足跡で分かるで行かん」

と言うたら、

「わしが後は見てやるから取って来い」

といわれ、とうとう稲を取って帰りました。臼を挽いて団子をつくりお大師さんに食べてもらっ

たら、その晩大雪が降り、すりこ木婆さんの足跡はすっかり無くなったというお話です。

（通観20「あと隠しの雪」　話者　冨田みつ　採録　坪倉慧二郎）

〈注〉旧暦十一月二十三日は大師講と呼ばれ、小豆がゆや団子を作って大師様に供える。仏教の影響で弘法大師や元三《げんざん》大師と結びついている。もともとは、太子という貴いマレビトが、人々に恩恵を与えるためにやって来ると考えられていたもの。

十一月二十三日は、冬至や正月、クリスマスなどと同じころ。正月の神やサンタクロースが、お年玉やプレゼントを与えれくれるというのも同じこと。また、このころ、太陽が南に行ってしまっているから再び暖かい日が来るように一陽来復を願う祭りで洋の東西を問わない。

椎の実拾い①——三

ある所に、おぎんとこぎんの子どもがありまして、おぎんは先妻の子で、こぎんは今のお母さんの子で、二人で、「椎拾いに行く」と言いました。おぎんには、底のない袋をお母さんが渡して、こぎんは底のある袋を貰いました。

おぎんは、なんぼ拾っても底が抜けとってたまらんだし、こぎんはたくさん拾って帰ったんです。そしたらお母さんが、

「おぎんはちっとも拾ってこなんだ」

いうて怒った。

昔は継子いじめというのがあって、何事にも継子はいじめられたげな。

（通観172「継子の木の実拾い」話者　坪倉たか　採録　坪倉慧二郎）

椎の実拾い②——四

継母が継子二人をいじめておって、あるとき、

「木の実ぼり（拾い）に行って来い」

いうて、木の実ぼりに行ったら、日が暮れて道に迷って去《い》ねらへんだし、山の向こうの方に灯が、とぼとぼと燃えとって、

「あそこに行って泊めてもらおう」

いうて行ったら誰《だあれ》もおりゃせんだし、お地蔵さんが腹あぶりしとんなって、

「これには晩げになると鬼が来るで、よう泊めん」

言うだし、

「それでも道に迷ったで泊めてほしい」

いうたら、泊めておくれた。

「わしの袂《たもと》に入れ」

いうて。

そうして夜中になったら、
ドスン　ガチャガチャー
ドスン　ガチャガチャー
いうて鬼が金棒持って、その家に来て、

「地蔵、人臭い。地蔵、人臭い」

いうたら、地蔵さんが、

「なんにもおらへん、去《い》ね、去ね」

いうたら、鬼が去んだ。

それからまあ、鬼が去んでから、お地蔵さんが供えてもらったご馳走をば呼んでおくれて、
呼ばれて戻った。

そのことを継母に話えたら、母親が、

「わしも行って来《こ》よう」

いうて行った。

そうして日が暮れて、向こうに灯がともって、

「あそこに行って泊めてもらおう。あの娘が言うとった所だ」

と思って行ったら、お地蔵さんが腹あぶりしとんなった。

「鬼が来るで、よう泊めん」

「いや、しゃっても（それでも）泊めてほしい」

いうて泊めてもらったところが、袂に入れて泊めてもらうだと思ったら、奥庭に唐臼《とうす》があって、

「唐臼のところへ行って寝え」

言って、そこへ寝た。

寒いところへ寝んなんだし、寝とったら、鬼が、
ドスン　ガチャガチャー
ドスン　ガチャガチャー
いうて、金棒突いて来て、

「地蔵、人臭い、地蔵、人臭い」

いうて来たで、地蔵が、

「唐臼、唐臼。唐臼唐臼」

いうて、唐臼を教えたら、鬼が、

「地蔵うれしい、地蔵、うれしい」

いうて、唐臼のところへ行って、その継母を食ってしまった。

「地蔵、旨《うま》え。地蔵、旨え」

いうて、鬼が言うて去《い》んだ。

（通観172「継子の木の実拾い」話者　森野満江　採録　細見正三郎）

〈注〉祖母のかよから聞いた。昔話は正月にしちゃると言って話してくれた。

椎の実拾い③——五

昔々、継親がありまして、二人の子どものあるところで、一人の子どもは実の子だし、一人は先妻の子でした。どうも思うようにいきまへんで、秋になって椎のなる時分に毎日、椎拾いに行かせるのに、自分の子の方は袂がきれいにしまいまで縫ってありますだし、先妻の子の方は袂に大きな穴が開いとりまして、一つも拾っても溜《た》まりまへんで、それで二人は家に帰ると、お母さんに責められて、

「もう家におるな」

いうようなこと言われて、責められていました。

そこへ、お地蔵さんが托鉢に歩きなはって、ほて、お地蔵さんが、

「衣の下に入れ」

言いなって、衣の袖に隠してもらい助けてもらいました。

（通観172「継子の木の実拾い」話者　冨田みつ　採録　坪倉慧二郎）

蛇婿入り――六

昔の話だけど、ある家のぐるりに蛇がおって、なんぼぼうても（追い払っても）また、しちゃあ来るだし、どうも不思議な蛇だなあ。それで、その家の人が拝んでもらっただげな。その家には娘が一人あって、その娘を嫁に欲しくて、蛇はその家からよう離れなんだということが分かったげな。それで蛇のことを娘に話したら、

「そんなら嫁に行っちゃるさきゃあ、長持や箪笥に針を一貫荷ぃしてくれ」

というので、家の者はどうするだろうと思って、言う通りに針を一貫買うてきて荷物をしてやったんだって。そしたら、その日にちがどうして蛇に分ったか知らんけど、その日に蛇がきたげな。そしてどこへ行くか知らんと思って見とったら池の中に入って行った。この蛇は池の中に住んどったんだな。見とるまに池の底に沈んでしまったげな。

娘は道に立っとって見とったが、荷物にしてもらった長持と箪笥に一杯針を詰めたもんと一緒に、池にボシャンとはまってしまったそうな。ちいとま（少しの間）したら、顔を上げるもんだで、こっちへ来いということだと思って行ってみると、その娘が長持や箪笥に用意して行っ

た針を蛇の頭に突き突きして、しまいにはとうとう殺してしまって、その娘は戻って来たげな、という話を聞きました。

（通観205Ｄ「蛇婿入り―嫁入り型」話者　冨田みつ　採録　坪倉慧二郎）

犬婿入り――七

一口なすびはどういう訳で食べるものかということです。

毎日お母さんが一つ、二つの女の子を、いつもカドで便所をさせておりました。ところが犬が、ころころ、ころころ　遊びにきて、そして、かわいげな犬だもんで小便させるたびに、そこへ出てくるもんだで、

「大きくなったら、われの嫁にやるさきゃあでに、尻《けっ》ねぶれ」

いうちゃあ、その子の尻をねぶらせたそうです。うんちすりゃあ、うんちもねぶり、尻もねぶらせて、

「大きくなったら、われに嫁にやる」

いうちゃあ、そのお母さんが言うてきかせておりました。

そしたら、ある日、大きくなって嫁に貰われて、荷物も良い加減にこしらえて、いよいよ今日は嫁に行く日だちゅうて出かけましたところが、その犬がきて裾をくわえて、どうしても先に行くことが出来ません。それだもんで娘が、

「もう嫁には行かん、この犬の嫁にならんなしょうがない」

ちゅうて、その犬のところへ嫁に行きました。そしてその、奥山にお父さんお母さんが家を建ててやって、ほして奥山に住んどって、毎日犬がお金を首にひっかけてもらって、そして村中へ買い物にいっちゃあ、犬が娘を養っておりました。

ところが、だんだん日も暮れ年も暮れてきたある日、狩人が出てきまして、

「今晩泊めてもらえないか」

といいまして、そして泊めてもらって、その狩人がその女をちょっとさわったそうです。そのまま、月日がたって狩人も逃げんとおって、犬を殺してしまって、娘を嫁にしたところが、大勢子どもが出来まして、七人も出来たそうです。

ある朝、霜月のそのまあ一口なすびを食う日ですわな。その日に小さいなすびを、小さく切って包丁の先にちょっと刺して、

「今日は一口なすびを食う日だで、お前も食わんかなあ」

といって狩人の口に入れて、そしていきなり突っこんで殺して夫の仇を討った。

犬が狩人に殺されたことが残念で耐えられんもんだで、包丁の先に刺したなすびで仇を討った。一口なすびは、そのいわれで食べるのです。


（通観212Ｂ「犬婿入り―仇討ち型」話者　坪倉たか　採録　坪倉慧二郎）

〈注〉「七人の子をなすとも、女に気を許すな」という諺の起こりともいわれる。

子育て幽霊①――八

昔のことだけど、お腹に赤ちゃんをもった人が死んなっただげな。それから何日か経ったある日のことだげな。日が暮れて暗くなった時分に、女の人が七文もって飴を買いに来なったげな。それからは毎日のように、なんぼよう雨が降っても、風が吹いても来なったげな。そしていつも七文置いて帰るだげな。店の親父さんが、今まで来なんだ人だし、どこの人だ知らんけど後をつけて行っちゃろうと思い、そうっと後ろからついて行くと、山の中の墓に着くと、すうーっと姿が見えなくなりました。

「ありゃあ、子どもの泣き声がする。こりゃ墓の中で子どもが産まれたんだろうか」

泣き声のする方へ行ってみると、土から半分出た箱の中から声が聞こえる。それで開けて見たら子どもがおったちゅうで、その子どもさんを掘りあげて、帰って、みんなで大事に育てて大きにして、そして尼さんにしなっただげな、いうぐらいのことしか知らんけど。

「おつう」いう人だっただげで、「つうふう寺」いう尼寺を建てて、尼さんにしなっただげな、ちゅう話をちょっと聞いたです。

（通観256「子育て幽霊」話者　堀江きく　採録　坪倉慧二郎）

〈注〉「子育て幽霊」の話は①～③の三話を掲載している。
①は生まれていた子に「おつう」という名を付けて育て、尼になり「つうふう寺」という尼寺を建て、その寺で尼僧になったという伝説である。
②③は、集落名、母親の名がはっきりして、本当のこととして話された世間話である。
①～③は、伝説と世間話の違いはあっても、いずれも本当のことと信じられて語られているものだ。

子育て幽霊②――九

昔々ある時に、ミドリという部落に、おそのさんという人がいて、お産で亡くなられたが、その人が死んでから飴買いに行きなるいう話で、どういうことだろうなあいうて、不思議がってみんないたけど、お金は六文銭持って飴を買ってきたそうで、村の人が調べてみたら、墓へ持って行って子どもがおるので、その子になめさせていたそうだ。お乳のかわりに、毎日その人は飴をやって子育てをしていたという話です。

（通観256「子育て幽霊」話者　堀江きく　採録　坪倉慧二郎）

子育て幽霊③——一〇

今はもう無くなりましたが、昔、この村に一軒だけほんの小さい食料品を売る店がありました。その店に晩の十二時になると、この辺では見慣れぬ女の人が小さな赤子を背負って飴を買いにきました。

その女の人が飴を買って二、三日経つと、お金を入れる箱の中にシキビの葉が一枚入っていました。なぜ箱の中にそんなものが、誰が持ってくるのかも分かりません。この店のお婆さんは、シキビの葉を捨てながら不思議に思っていました。一週間経っても同じ時刻になると、やせ細ったその女の人は赤子を背負って飴を買いにきました。どうも気持ちが悪い人だなあ、ここ一週間毎日ああして来なるが、どこに住んどんなるだろう。どこに行くかちょっと後をつけて見ちゃろう。その晩も赤子を背負った女の人が飴を買いにきました。お婆さんはその女の人がくれたお金を別の紙に包んでおいて、女の人の後をつけて行きました。女の人は店から出ると墓へと向かう道をずっと歩いて行き、そのまま墓地に入ったらスッと消えて姿が見えなくなりました。お婆さんは女の人を見失い、その日は家に戻りました。

翌日お婆さんが、あの人の持って来たお金を包んだ紙を開いてみたらシキビの葉に変わっていました。

「どうもこれは普通と違うなあ。あの人は昨夜確かにあの墓地へ行きなった。夜中に墓に行くのはおかしいいし、気になるので朝のうちにちょっと見に行ってみよう」

と、その墓地まで行ってみました。すると、どこからか子どもの泣き声が聞こえてきました。

「こんな墓場のどこに赤子がいるだろう」

とあたりを見渡しましたが、赤子の姿は見当たりません。

しかし、その泣き声はまだ聞こえています。よく耳を澄まして泣き声のする方向を探したら、なぜか墓の下の方から聞こえてきています。

「そんなあほたれげな」

と思いましたが、お婆さんは、村に戻って若い男の人を頼んで墓を掘り返してみました。するとそこには生れたばかりの子どもがいました。お婆さんは亡くなった赤子の母親が、子どもを育てたい一心で夜になると霊になり、飴を買いに来ては、その子に食べさせていたのだろうと思い、母親の愛情の深さに心を打たれ、土の中からその子を拾い上げて育てました。


（通観256「子育て幽霊」話者　坪倉たか　採録　坪倉慧二郎）

猫の恩返し――一

　船木の斧地に猫を飼っている一人暮らしのお婆さんがいました。お婆さんには身寄りがなく、頼れる人が誰もいなかったので、お婆さんも猫も飲まず食わずの生活をしていました。

「うらが貧乏ださきゃあ、お前に食う物もろくにやれんで可愛そうに、悪《わり》いなあ」

といっては、猫に話かけていました。

　ある日、お婆さんが猫に、

「明日には食うものが何も無うなるで、お前ももう早よどこぞへ行けえなあ。そして良い人に拾ってもらええなあ」

と言って、猫を家の外に出して逃がしてやりました。そしたら猫はニャオ、ニャオと鳴いてどこかに行ってしまいました。お婆さんは、

「やれやれ、猫はどっかに行って暮らされるけど、うらには誰も身寄りがない。お爺さんなあ、早よ迎えに来とくれえなあ」

といって悲しみながら横になっていました。

夜中になって、ニャロン、ニャロンという猫の鳴き声が聞こえたので、

「まあ、あの猫はどこかええ所に行けえと思って逃がしたのに、また戻ってくるだで、あかへんわあ」

と思っていました。すると障子の破れ穴から猫が入ってきて、お婆さんの布団の上にポロンと小判を一枚落としました。

お婆さんは、

「ええっ、なんでこんな小判をお前が持っとるだあ。一体どこで拾って来ただあ」

といって驚きましたが、

「これはきっと神様が貧乏な私を助けとくれただろう」

と思って、その小判で米を買って、その猫にも雑魚を買ってやりました。すると、翌日猫が家からいなくなったと思ったら、晩になるとまた猫がニャロン、ニャロンと鳴きながら戻ってきて、小判を一枚ポロンと落としました。貧乏だったお婆さんは、可愛がっていた猫のおかげで貧乏から救われたので、神様と猫に感謝して幸せに暮らしました。


（通観XII「動物の援助」参照　話者　村上うめ　採録　坪倉慧二郎）

六十くずし──一二

昔は六十くずしがありまして、六十になったら、しゃっても（どうしても）くずさんなん（捨てなければならない）ことになって（その日にちは知りませんですけど）。ある家の息子が、母親が六十一になってくずさんなんだし、くずす山へ連れて行きましたが、親孝行な息子にはどうしてもくずすことは出来ません。そこで日が暮れるのを待って家へ連れて戻りました。どうして、この母親を隠しとこうと考えまして、ある日、長持の中に入れておこうと思いつき、食べる物を持って行って、便所を取ってやって暮らしていました。

息子が朝、食事を持って行ったら、

「近頃、毎日毎日大勢の者が寄ってきて、話しとるだか、相談しとるだか、やあやあ言うとるが何のことだえ」

と、聞きました。それで息子は、

「この間から毎日相談しとるんだが、どうにも出来《でけ》んことで困っとるだあ。殿さんが灰の縄をのうて持って来た者には、褒美をやろうと言いなるだ。それで皆んな寄ってやあやあ言うとるだけど、言うばっかりで、どうともでけんだあ」

と言うと、

「そうか、その灰の縄はなあ、灰ではなえんだ。それは藁を槌で打ったんでは打ち切れがするで、瓢箪《ひょうたん》でさあし掛かって（ていねいに）打つだで。その藁で、堅く堅くのうて、それを鉄器（鉄灸《てつぎゅう》）の上で焼くだで、そうすりゃあ灰の縄がなえるだ。それを三方の上に載せて殿さんに差し出せ」

といって聞かせてくれました。

それで息子は言われた通りにして、灰の縄を作ったげな。そしてお殿さんに持って行ったら、

「これは誰が教えてくれたんだ。よくなえておる。ほめてやる。これを教えてくれた者に褒美をやる」

いうて、お殿さんに呼び出され、母を連れて行くと、息子に、

「お前か、この灰の縄は、お前の知恵では出来んだろう。そこの年寄りに教えてもらったんか」

と言われました。息子は、

「何を隠しましょう。村には六十くずしがありまして、その時にはしゃってもくずして殺さんなんだけど、おらぁどうしてもお母《かあ》を殺せなんだで、家へ連れて戻って長持の中に入れて、食べ物をやって世話をしておりましただ。お殿様、おらぁなんにも欲しいもんは無いで、このお

母だけを褒美にしてもらいたい」

というて、目に一杯涙をためて頼んだだって。殿さんは、

「よしよし」

いうて、

「そういうことであったか。年をとって六十にもなった者を山に連れて行ってくずすなんていうことは、ええことじゃない。年寄りは昔の事を何んでもかんでもよく知っている。大事にしときゃあ若いもんに聞かせてくれることがいっぱいある。六十くずしということは今年から出来んぞ」

と言いなった。孝行息子は大喜びで母さんを連れて帰りました。

それからは六十くずしはせんようになったと言う話を父親から聞きましたです。


（通観410Ａ「姥捨て山―難題型」話者　坪倉たか　採録　坪倉慧二郎）


〈注〉船木の六十崩しの崖は、小金坂の八合目付近で、崖下は待ヶ谷の二俣の右側。

掲載話では、難題が「灰縄」であるが、多くの話では、難題が三つある。「灰縄」のほか「曲がった管に糸を通す」「木の元と末の見分け」「馬の親子の見分け」などがある。

狼より漏りが怖い――一三

どなたから聞いたとは、今ではもう思い出せまへんけど、ある日、お婆さんとお爺さんと家におんなはったら、そこへ山から大きな狼が出てきました。ところが、お爺さんとお婆さんの話しなるには、

「狼より漏りが怖い」

いうておられました。ほいたら狼が入ろう思っても、わしよりも怖いものがあるかなあ思って、狼が逃げましたです。

（通観583「古屋の漏り」話者　坪倉たか　採録　坪倉慧二郎）

和尚と小僧──餅は本尊──一四

春の彼岸の中日に、檀家のある人が、ぼた餅を作ってお寺さんへ持って行きました。和尚さんは、早速本尊さんに供えておいて、

「わしはちょっと出かけるけど、小僧、お前は留守番をしておれいや」

といって出て行きました。小僧は、

「和尚のやつ、よおけ（たくさん）ぼた餅を供えてもらっても、何時でもわしには一つか二つしかくれんとって、和尚がみな食ってしまう。阿呆げなで、今日はわしが、みんな食っちゃろう」

と、よおけあったぼた餅を大方食ってしまった。

はてな、この始末はどうしようやらなあと思っているところへ和尚さんが帰ってきた。

「小僧、本尊の前にぼた餅が供えてあるで、食べるようにあれを取って来いや」

と言いました。小僧は、「はーい」といって本尊の前に取りに行って、

「和尚さんぼた餅なんて一つもありません」

するとと和尚が、

「どうしたんだ。猫が食ったんかい。それとも何者かが取ったんか。あんなよおけのぼた餅を一遍に、よう食ったんだろうか」

するとと小僧が、

「和尚さん本尊さんの顔をあんじょう（よくよく）見てきなれ」

といいました。和尚が本堂へ後戻りして、本尊の顔をみると、何とまあ、ぼた餅のあんで顔中がにりにり（べとべと）でした。小僧は和尚さんに、

「本尊さんがみな食った、顔中がぼた餅だらけだろうが」

というと、

「そりゃ嘘だ。お前がみんな食っとって、知らん顔するな」

と言いなった。

そこで小僧は、

「わしゃ知らん、そんなら和尚さん本尊さんを釜にいれて煮てみようか」

といいました。和尚は、

「何でそんなことするのだ。罰が当たるぞ」

と、いうと、小僧は、

「そうでもしなきゃ証拠がとれん」

と言って、大きな釜に本尊さんを入れて、その上から熱いお湯を注いで釜の下から火を焚きました。

やがてお湯が煮え立ってくると、すると本尊さんが大きな声で、クッタ、クッタ、食った、食っ

たと言っている。

「ほーれ和尚さん、本尊さんが食った食ったと言うとろうが。これが何よりの証拠だわい」

和尚さんは、

「この小僧め結構知恵があるわい」

やがて成長した小僧は、界隈に稀な名僧になったそうな。

（通観598「和尚と小僧―餅は本尊」　話者　冨田みつ　採録　坪倉慧二郎）

河太郎退治――一五

黒部から船木へ通じる近道があります。そこを通ると大きな溜池あって、何十町歩という田を養っています。その溜池に棲んでいる河太郎は、溜池の中へ人を引っ張りこんでは、臓物《ぞうもつ》を引っ張り出して食べていました。そんなことが毎年毎年あるので、村の人たちが困って、

「河太郎をどうとかして退治しようや」

「あの道は宮津街道にもなっとるし、どうしても通らんなんし」

「朝間見ると、人が臓物抜かれてプイと浮かんどる、なんとかせなあかんなあ」

ということで、村の総会を開きみんなに意見を求めたら、

「銛《もり》を持って盥《たらい》に乗って突こう」

「いや盥をひっくり返されたらあかん」

「そんなら舟を借りてきて退治しよう」

「舟を浮かべても、河太郎が引っ張ったら、みんな河太郎の餌食になってしまう」

「そんならどうしよう」

などと相談していました。するとある人が、

「そんなら餌を投げて釣ろうか」

と言いました。

「ああ、それなら誰も犠牲者は出んし、ようてもあかんでもええで、とにかく一遍してみろうか」

と相談がまとまりました。

まず、屠殺場からもらってきた牛の腸を、間人《たいざ》からもらってきた魚網に包んで餌を作り、道の土手に打った杭に縄で縛って、池の中に投げ込みます。次に河太郎が、それに手をかけたら、少しずつ道の方に引き寄せ、刺股、熊手、鍬や鎌などを使って陸へ引き上げることにしました。最後に、河太郎は頭の皿に水がなかったら生きていられないので、その頭に麦わらで火をつけて焼いてしまおうという相談が出来ました。早速相談どおりに準備を整え、河太郎が現れる時をじっと息をひそめて待っていました。

しばらくすると縄がピクッと動きました。勇気のある者がそろりと縄を引っ張ったら、また縄がピクッとしたので、岸にいるものみんなで力を合せて引っ張り、どうにか餌に食いついた河太郎を土手際まで引き寄せました。

そこで最後に力自慢の若者たちが、思い切り道まで引き揚げて、麦藁の火のついた物を河太郎の頭へ載せました。河太郎は暴れて抵抗しましたが、頭の皿は火で焼かれるわ、みんなに叩

かれるわで、苦しみながらとうとう死んでしまいました。見たら五つくらいの子どものような小さな体でした。それからもう河太郎は出なくなり、その道は安心して通れるようになり今も残っています。

（通観689「河童釣り」参照　話者　冨田みつ　採録　坪倉慧二郎）

〈注〉坪倉靜子の語りに「河太郎退治（一五）」がある。冨田みつの本話と比較してみると、内容はほとんど同じだ。このことは、同じ地域内で同じ話が多く話されており、住民の共通認識になっていたのだろう。

主要街道である宮津街道沿いの溜池に棲む河太郎（河童）という妖怪を、村人が力を合わせて退治するというもの。退治したおかげで街道を安心して通行できるようになったのだと。

退治する方法は、屠殺場の牛の腸、間人の魚網、刺股・熊手・鍬・鎌という道具、河太郎を引き寄せるやり方、麦藁の火で頭の皿を焼く――両話とも同じである。

この話は、昔話ではなく世間話であるから、地域の人々が本当のことだったのだと信じて話したものであることがよく分かる。

狐退治――一六

船木村から八所村に行く峠に悪賢い狐が住んでいました。その峠はたくさんの村々に続く重要な道で、人々の往来も多いところで、狐はそこを通る旅人を次々と化かしては面白がっていました。あるときには、

「いい湯がある」

と言って人を川の中に入れたり、またあるときには娘に化けて男の人をだましたり、他にも御馳走をだまし取って食べたりと悪いことばかりするので、村の人々は手を焼いていました。

あるとき村の中でも知恵のある若者が、

「よし、わしが狐を退治してきちゃろう」

と峠に行きました。そして狐に会った若者は、

「村のもんらの話だとお前は化けるんが上手やそうだなあ。けどわしも結構化けれるで、一遍化かしやっこをしてみろうかい」

と言いました。それを聞いた狐は笑って、

「そりゃ面白そうだなあ。そんなら明日の晩げ、また来るで勝負しようで」

と言って姿を消しました。

翌日の晩、若者はとてもきれいな若衆に化けてきました。それを見て狐は木の葉を顔やそこら中にベタベタとつけ、くるっとひっくり返り目も覚めるようなきれいな娘に化けました。それに感心した若者が、

「お前は化けるのが上手やなあ。こりゃあ今夜はわしの負けだ。明日の晩また来るでもう一回勝負しようかい」

と言ったら、狐も、

「ええで」

ということで、また化かし合いをすることにしました。

翌日、若者は汚い爺さんに化けてきました。狐は、また木の葉を頭につけ、そこら中に土をつけて、くるくるっと回りこんどは小判に化けました。若者は、

「ああ今日もわしが負けじゃ。お前は、わしが年寄りになって金が欲しいと思っとるのを知っとって、小判に化けたんか。でもこんな化かし合いをしとっても、何時までかかるか分からんし、お前とわしの中で勝負をきめようかい」

と言いました。狐も、

「よし分った」

と言うので、若者が、

「お前が持っとる知恵をみな出して、わしのいう通りに化けれるか勝負をしよう。もしお前が負けたら山からおらんようになれ。そのかわりわしが負けたら、お前に鶏を三匹やろう」

と約束をしました。

それから「いざ勝負」と若者は狐に向かって、

「先ずは自分の好きなものに化けてみい」

といいました。狐はまた木の葉をベタベタとつけて、ひょっとひっくり返って、とても綺麗な娘になりました。若者が、

「よし分った」

というと、狐はまた木の葉をつけてひっくり返り、それはそれは立派な若者になって見せました。

「お前の化けるのは分ったで、今度はわしのいうもんに化けれるかえ」

と若者がいうと、狐は、

「よし何にでも化けるで。化けるもんを言うてみいや」

と言いました。

「そんなら金の玉に化けてみい」

と若者が言いました。すると、土を拾って玉にしたら狐は金の玉になりました。

「ほうなかなかよう化けとるけど、こんな大きい玉ではなく、もっと小さなれんだか」

と言うと、

「なんぼでも小さなれる」

と順々に小さくなって、手まりくらいの大きさになりました。

「もっと小さなれるかえ」

と言うと、小さくなって卵くらいになり、

「もっと小さくなって小指の先程になれるかえ」

と言うと、小指の先ほどになりました。

　すると若者は、持っていた袋に小指の先ほどに小さくなった狐を放り込み、袋の口をきゅっと縛ってしまいました。驚いた狐は袋の中で逃げようともがきましたが、思うように動けません。若者はその袋を綱でぐるぐる巻きにして村へ帰りました。悪狐は出なくなり人々は安心して峠の道を通るようになりました。


（通観784「袋狐」話者　坪倉たか　採録　坪倉慧二郎）

どんくさ嫁さん――一七

婿さんが、

「着物を縫ってくれえや」

というて、嫁に布を出してぇたら、ほしたところが、よう縫わんだし、頭の入るところと手の通るところに穴をあけて、

「ほうれ着なれ」

いうて出したので、婿さんが見ると、

「どうして着るのか分らん」

というたら、

「こうするだあ」

といって、頭をすこんと出して、手を穴から出さした。おかしいので笑ったら、

「お前は子どもみたいなもんだ。さらの着物を着せてやったら喜んで笑っとる」

いうたげな。

（通観1072「首通し」話者　村上うめ　採録　坪倉慧二郎）

苦い桃——一八

ある坊さんが、小原さんへ上がったいう。よっちこ、よっちこ上がったところが、喉が乾いて、そこに働いとんなったおばさんに、

「うまげな桃を一つ呼んどくれんか。喉が乾いて、どもならんで」

いうたら、

「これは、あげたいけど苦《にぎゃ》え桃だで、あげられんだわなあ」

いうたですすげな。

それから小原の桃は苦桃になった。


（話者　森野満江　採録　細見正三郎）

わらじくれ――一九

昔といってもそんなに遠い大昔ではないでしょうが、博労をしていたおじさんが、来見谷《くるみだに》（弥栄町）へ厩出し（牛の売買）の話に行き、話が決まった後で一杯ご馳走になっていたら、何時のまにか日が暮れてきました。その家の人がおじさんに、

「今日はもう遅なったし、うちに泊まっていけえなあ」

と言いましたが、

「なーに慣れた道だささきゃあ、去《い》ぬるわあ」

とその家を後にしました。おじさんが帰る時には、もう日が暮れて真っ暗になっていましたが、

〈大金坂を下ったら、あとは道が分かっとるで、どうもにゃあ〉

と思って竹杖を拾い、それで溝や道を見分けながら帰り道を歩いていました。

途中に「山の神さん」という椎の木の森がありました。そこまで戻ったら、ピッチャピッチャという足音が聞こえます。振り向いて回りを見渡しても何もいないようだし、気のせいかと思い、また歩いていたら、どこからか、

「草鞋《わらじ》くれ、草鞋くれ」

という声が聞こえました。

「おかしいなあ、なんの声だろう。こりゃ狸の仕業かもしれんなぁ」

と思いましたが、おじさんは正体の分らないものに向かって、草鞋の片一方を放り投げて、

「ほら、草鞋をやろう」

と言いました。そして、

「草鞋が無うて足が多少痛うなるかも知れんけど、まあかまわへん、さっさと去《い》のう」

とまた歩き始めました。

しばらく歩き、大栗谷口まで来たら、また、

「草鞋くれ、草鞋くれ」

の声が聞こえてきました。

「なんだ、まんだ草鞋が欲しいだきゃあ」

と言って、後の片一方の草鞋も放り投げてやりました。その晩は無事に家に戻り、明くる日の朝、山の神さんまで行ってみたが、昨夜放り投げた草鞋はありませんでした。

（話者　村上うめ　採録　坪倉慧二郎）

解説

立石憲利

1　刊行の経緯

いまから二十五年前になるが、一九九六年の正月、京都府中郡大宮町（現京丹後市大宮町）の細見正三郎さんから、採録された民話の翻字原稿のコピーが届き、次のような手紙が添えられていた。（手紙は原文のまま）

新しい年を迎へました。

家内の死がこれほど悲しいものとは考へませんでした。いま心を新たにして、次の仕事に向っています。手足も動き､車にものれることですし､残されたことをやりとげていきたいものです。

正月のあいだに、昨年秋、亡くなったヤサカ町舟木の坪倉さんの昔話をコピーしたのをお送りします。呼んでみて下さい。

一番はじめのは（本書では「5､椎の実拾い」）坪倉さんが思い出しながら再話したものです。他は録音したものです。

今日はヤサカ町のヤサカ病院へクスリをとりに行きます。

尚、家では、昨年秋、孫が生まれました。妻の変りにはなりませんが、にぎやかに一家五人、くらしています。

1996　一月五日　　正三郎

立石様

送付されてきた原稿のコピーは、坪倉靜子さんの語った民話二十六話である。細見さんの手紙にあるように、原稿化されているので、何らかの形で印刷されるものと思い、「いい話がたくさんあるので、早い機会に本にして下さい」と返事したと記憶している。

細見さんと初めて会ったのは、一九八〇年八月末の日本民話の会、第一回「民話の手帖・全国読者交流会」（群馬県水上町）だったように思う。帰りが同じ列車だったから、いろいろ話し、お互に民話調査をしていることなどから、一度、いっしょに調査をしようということになった。

そこで調査地を、①細見さんの京都府北部と私の岡山県南部の中間にする。②民話の調査が、あまり進んでいない兵庫県で、列車で行ける播但線沿いにする。③民話調査が行われていない自治体にする――ことにし、先ず、細見さんが養父町長の朝倉宣征氏と知り合いだということで、最初の調査地を養父町（現養父市）とした。

一九八一年から八五年までの六年間に約三十回通い調査をした。その成果は『炭焼長者―養父町畑村の昔話』（一九八四年三月発行）『やぶの民話』（一九八七年三月発行）――いずれも養父町教委刊として出すことが出来た。その後、町の担当職員が替わり刊行が終わった。そうこうしているうちに細見さんの病気が悪化していった。次の刊行を早くと急いで、日本民話の会の雑誌「聴く・語る・創る」の一冊として刊行できることになった。『兵庫県南但馬の民話―養父・朝日敏雄の伝承』（二〇〇五年十二月刊）。この本が刊行される前に、細見さんは亡くなられてしまった。手紙に「病院にクスリを取りに行く」とあるように、そのころから病気が進行したのだ。各地の市民マラソン大会に出場し、調査中の宿泊先では、私が寝ている間に起きて、「十キロ走って来た」というほど、スポーツ好きで元気印の細見さんだったのに。

二〇二〇年からのコロナ禍のなかで、書架の整理中に「京都昔話」と大書した大型封筒を見付けた。細見さんから送られてきた坪倉さんの民話の原稿（コピー）だった。それを見て、「これは、あの世からの知らせ」ではないかと。

そこで弥栄町の図書館に電話し、舟木（実際は船木）の坪倉靜子さんの語った民話が、何らかの報告書に収載されているかどうかをたずねてみた。平成の合併で弥栄町は、網野町、大宮町、久美浜町、丹後町、峰山町とともに京丹後市になっていた。

市のセンター図書館である峰山図書館の亀田館長に電話すると、「坪倉靜子さんの昔話は、既刊の本には載っていない」という。そして、福祉事務所の小谷和広さんが民話のことに詳しいと紹介された。

電話でいろいろやり取りをしたが、もどかしいし、私自身、現地を訪ねていないから地形も状況も分からない。そこで訪ねていくことにした。

二〇二〇年九月、小谷さんを訪ねると、市内の各地の名所を案内、坪倉静子さんの住んでおられた弥栄町船木の坪倉慧二郎さん宅まで連れて行って下さった。

慧二郎さんは静子さんのことを詳しく話してくださり、自分で採録した静子さんと船木の語り手の資料も提供下さった。そこで慧二郎さんの了解も得て本書が刊行できることになった。

2　船木を訪ねる

京丹後市弥栄町船木《やさかちょうふなき》（昔は舟木と表記した）を訪ねると、最初に目に入ったのが、茅葺《かやぶ》き屋根の堂・通り堂である。村の入り口にあたり、ここを通らなければ村に入られなかった。通り堂は、禅勝寺の一の門で、二の門が大門跡にあった。そして三の門が禅勝寺の山門である。入母屋造りの堂は、二間四方で吹き抜けで床はない。さらに、北側半分は通り抜けができるようになっている。文化的な価値が高いことから、市の文化財に指定されている。

船木には、禅勝寺とともに、『丹後国風土記』に載っている奈具《なぐ》社（現奈具神社）がある。

通り堂。左側が通り抜けられるようになっている

船木の集落

禅勝寺

奈具神社の石段と鳥居

鳥居をくぐって石段をのぼっていくと、樫の大木などが繁った社叢の中に立派な社殿がある。十月に秋の大祭があり、子どもたちが絣《かすり》の着物を着て踊る「踊り子」もあり、京都府の無形文化財に指定されていた。いまは、子どもの数が減って中止になっているという。各地の農山漁村では、少子高齢化と人口の減少で、伝統芸能も継承が困難になっているのを目の当たりにしてきたが、船木でも同様になっており、残念だし寂しいかぎりだ。

『丹後国風土記』の「奈具社」の項には、「羽衣伝説」が載っている。これが、昔話「天人女房」になっていくのであろう。

要約を記すと次のようである。

現在の京丹後市峰山町鱒留の比治山（菱山）の頂に湧き水があり、そこに天女八人が降りて来て水浴をする。老夫婦が、天女の衣を一つ取って隠す。衣のある天女は天に帰るが、一人は帰れないでいる。そして老夫婦の子になる。そこで天女は、万病に効く酒を造り、そのおかげで老夫婦は豊かになる。すると老夫婦は天女をわが子でないと追い出す。天女は、天を仰ぎ、

天の原　ふりさけみれば霞立ち
　家路まどひて行方知らずも

と歌を詠む。

そして海が荒れるように胸中がおだやかでない荒塩の村（峰山町荒山）、さらに槻の木によ

りかかって泣いた哭《な》木の村（峰山町内記）を経て、弥栄町船木の奈具の村に至って心が平穏になり、この村で暮らした。天女は、奈具社に豊宇賀能売命《とようかのめのみこと》（農耕神）として祀られている。

以上のような内容だが、衣を隠した老夫婦のやったことには、『風土記』を読みながら、今日の日本の世情のように非情だと思うのだった。

そして船木の村人たちの心の豊かさを感じたのであった。その船木も一四四三年の大雨大洪水で村内のほとんどものが流されたという洪水伝承がある。それを克服して今日の村になったという。

なお、この地方でも洪水が、たびたび起こっている。八五一年の丹後大洪水。一二八一年の暴風激浪。一三九〇年の丹後大洪水、飢饉。一六四二年の長雨、冷害。一七九〇年の丹後一円が大風大洪水。一八四四年の丹後大洪水などが、その例である。これらも克服したのだ。

今回、初めて船木にやってきたが、みなさんの親切に感謝するとともに、こんな村だから坪倉静子さんのような昔話のよい伝承者が生まれたのだろうと思ったのだった。

3　坪倉静子さんのこと

坪倉静子さんは、明治四十四年（一九一一）五月に生まれ、平成七年（一九九五）八月十一日に逝去された。戒名は「白雲静珊大姉」である。坪倉さん宅は、坪倉株の本家で（船木には坪倉株が四軒ある）、三代前からの当主をみると、

坪倉六左エ門——勝五郎——六左エ門至盛《よしもり》——静子となっており、静子は未婚だった。

船木に住む坪倉慧二郎さんによると、静子さんは、若いころから弥栄町役場の職員をしていて、見識もあり社会的に自立していたという。体格もよく田は三反ほどを耕作、牛で耕起するのは人に頼んだが、その他稲刈りなども一人でやっていた。口も立つし仕事もでき自立していたので、女一人暮らしでも他から侮られることはなかった。昔話もよく知っていて、語りも上手だった。

静子さんが亡くなって母屋は倒された（現在は芝生）が、納屋は残されている。

4　収載した民話と話型一覧

本書に収載した民話と「日本昔話通観」の話型名と話型番号を一覧とした。

一、坪倉靜子の語り

番号	話　名	『通観』話型名	話型番号
1	屁こき爺	竹切り爺	90
2	オトギリ草由来	弟切り草・ほととぎすと兄弟（参照）	163、442（参照）
3	チャンポンと鳴る鼓滝	なら梨取り（参照）	169（参照）
4	椎の実拾い	継子の木の実拾い	172
5	猿婿入り	猿婿入り―嫁入り型	210A
6	犬婿入り	犬婿入り―仇討ち型	212B
7	下の句で母を尋ねる	鷲のさらい子（参照）	35（参照）
8	情けは蛙のためならず	「動物の援助」河童の火もらい（参照）	XII・380（参照）
9	猫の恩返し	「動物の援助」猫屋敷（参照）	XII・388（参照）
10	ベンベコとタカ		
11	兎と蛙の餅争い	餅争い―餅ころがし型	527A
12	尻尾の釣り	尻尾の釣り―魚盗み型	535A

13	和尚と小僧―餅は阿弥陀	和尚と小僧―餅は本尊	598
14	ゴンと狗賓	宝物交換	662
15	河太郎退治	河童釣り（参照）	689（参照）
16	狐退治	袋狐	784
17	話堪能	話堪能	841
18	鼠経	念仏と泥棒―鼠経型	901A
19	風呂は湿田	風呂は野壺	1005
20	ぐんや塚	（伝説）	
21	撞かずの鐘	（伝説）	
22	わらじくれ	（世間話）	
23	地蔵の首	（世間話）	

二、その他の語り

1	お大師さんと風呂	遍路とげす板	15
2	すりこ木隠しの雪	あと隠しの雪	20
3	椎の実拾い①	継子の木の実拾い	172

4	椎の実拾い②	継子の木の実拾い	172
5	椎の実拾い③	継子の木の実拾い	172
6	蛇婿入り	蛇婿入り―嫁入り型	205 D
7	犬婿入り	犬婿入り―仇討ち型	212 B
8	子育て幽霊①	子育て幽霊	256
9	子育て幽霊②	子育て幽霊	256
10	子育て幽霊③	子育て幽霊	256
11	猫の恩返し	動物の援助（参照）	XII（参照）
12	六十くずし	姥捨て山―難題型	410 A
13	狼より漏りが怖い	古屋の漏り	583
14	和尚と小僧―餅は本尊	和尚と小僧―餅は本尊	598
15	河太郎退治	河童釣り（参照）	689（参照）
16	狐退治	袋狐	784
17	どんくさ嫁さん	首通し	1072
18	苦い桃	（伝説）	
19	わらじくれ	（世間話）	

5 「屁こき爺」のことなど

本書の最初に掲載したのが、坪倉静子の語った「屁こき爺」である。
竹薮で竹を切っている爺を殿様が咎《とが》めると、「丹後の丹後の屁こき爺」だといって、

〽四十雀《しじゅうから》 もんがら もんがら
ぴょいぴょいのぴょい

と屁をこき褒美をもらう。隣の爺が真似をするが失敗して尻を切られる――という内容だ。

「日本一の屁こき爺」とか「竹切り爺」などといわれるこの話は、ほぼ日本全域で採録されているが、西日本の近畿、中国、四国地方に多く、同地域を代表する昔話の一つである。

編者が初めて京都府内で民話を調査したのは、一九六八～七〇年にかけて、京都女子大学国文科の学生と行った船井郡和知町である。指導は稲田浩二と編者が行い、『丹波和知の昔話』として、一九七一年に刊行されている。

調査時の記念写真を見ると、編者は学生とほとんど同じような若さに写っている。三十歳だったから当然だろうが、こんな若い時もあったのだと、感慨深い。

この調査のとき、和知町長瀬の山口岩吉さんから「竹伐爺」を聞いている。

竹を切っている爺が、殿様から咎められ、

「日本一の屁こき虫や」と言って、

〽へいへいぶつ　かいぶつ　かいもちかいた　へーほーびい

と屁をこき褒美をもらう。隣の爺が真似て失敗し、叱られるという内容。「かいもちかいた」は、そばがき餅をかいたの意だろう。そば粉に熱湯を注ぎ、ぐるぐるっとかきまぜ、醤油か塩味で食べるもの。インスタント食品の先駆だ。

編者が子どものころ父母から聞いた（岡山県津山市、旧久米郡久米町）「日本一の屁こき爺」では、

〽丹後　但馬は　たんたんたん
　備後　備中ぁ　びちびち

であったから、あまりの違いに驚いたものだった。

続いて京都女子大の学生と、一九六九年八月と七〇年一月、五月に京都・与謝郡伊根町を訪ねている。当時は、伊根町へは天橋立から船で行った。のちに陸路を車で行けるようになったが、海岸沿いの狭い道で大変だったと記憶している。

その後、一九八四年から細見正三郎と一緒に伊根町をたびたび訪ねて調査した。多くは日帰り調査だったから、朝四時前に岡山県の総社市を出発、帰宅は午後十時過ぎという強行軍だった。

二人で調査した結果は『丹後伊根の民話』（一九八八年、国土社刊）『京都府伊根町の民話―

泉とく子、藤原国蔵の語り―』（二〇一三年、伊根町刊）として出版している。

泉とく子の「丹後但馬の屁こき爺」は、屁の音が「たーんご（丹後）たんごたんたん　びーんご（備後）びんごびんびんびん　黄金《こがね》の盃《さかずき》すーいすい（「すーいっとせえ」とも）」となっている。

藤原国蔵の「竹切り爺」では、「但馬の屁こき爺と、四十から五十までぶーぶーぶー」というように、おもしろい屁をこいたと語られている。

船木の坪倉静子の話のように四十雀が出てくるのは、伊根町の藤原国蔵の話に「四十から五十まで…」とあるのがそうでやや近いといえるだろう。

京都の西隣の兵庫県でみると、四十雀が出ている話はなく、ヒヨドリが一例あるだけだ。

養父郡大屋町で、

〽ピーピひよどり　ごようのさかずきもーてこい（五葉の盃持て来い）ピーピ

である。

その他で多いのは、国名の出るものだ。

○びちちゅうはびちちゅうで（備中は備中で）びびび　たじまはたんご（但馬は丹後）でたんたん（姫路市）

○丹後但馬はタンタンタンタン　備後備中ビッチビチ（温泉町）

○丹後たんはタンタンタン　備後備中肥後肥前（美方町）
などである。
その他、庶民の願望である宝（傍線の部分）が出てくる屁の音も多い。
○丹後但馬はタンタンタン　黄金《こがね》の盃プップップ（温泉町）
○黄金のさんぼく　ちゃんぽんピーピーピー（温泉町）
○屁こき丹波の尻から黄金がトッピンチャン（美方町）
○ぶぶらぶんぶん黄金ほらほら　ほら貝（南淡町）
○黄金の盃ブンブルブンのブン（大屋町）

京都府や兵庫県だけでなく、近畿の他県、中国・四国地方では、同じように屁の音が多岐にわたっておもしろい。

編者の住む岡山県では、
○丹後但馬のたんたんたん　黄金の盃ゃちんちろりん（奈義町）
○丹後但馬はタンタンタン　備後備中ぁビチビチ（津山市）
などのように国名を入れたものと、宝物を入れたものが多い。
○錦ザラザラ黄金ザラザラ　あいの茶釜で　スッポロポンーポン（新見市）

○粟ブンブン　米ブンブン　白銀《しろがね》黄金がチャッポン　プーン（新見市）
○小豆ザラザラスッポンポン　黄な粉ザラザラスッポンポン（新見市）
○赤金ポーン　白金ポーン　貝殻杓子でスッペラポン（倉敷市）

などのように、黄金、粟、米、白銀、小豆、黄な粉、赤金、白金…など、なかなか手に入らない宝物などが出てくる。

このように屁の音は、①音がおもしろいもの。②国名を織り込んだもの。③庶民の願望を反映したものの三つに分けられるだろう。

「竹切り爺」という一つの昔話をとってみても、私たちの祖先が　どんな思いで語ってきたかを知ることができる。

編者は、四十年来、民話の語りも行っていて、子どもやお年寄りに語る機会が多い。子どもたちは、屁、おしっこ、うんこ、おちんちんなどが出てくる話が大好きだ。竹切り爺も、その一つだ。語りのとき、民話の語りと民話の語りの間に、関連する話をするのだが、屁の音に人々の望みが入っていることを話すと、子どもたちは、真剣にうなずいてくれる。

「竹切り爺」一つを語るとしても、想像や理解できない部分も多くある。竹を切った経験のない子がほとんどだし、たけのこを掘ったり、採ったりしたことのある子は少ない。こんな話とともに、たけのこの食べ方、竹の皮拾いや利用法、竹かご編みなど、編者が子どもの頃体験したことを、あわせて話すと、子どもたちは、たいそう興味を示してくれる。

屁の音で笑わせるだけでなく、昔の暮らしの様子も伝えることが大切だと考えながら、語りの活動をしている。

あとがき

民話（昔話、伝説、世間話）や民謡、謎、諺、回文、俗信など、口伝えの文芸は、一部を除き、ほぼ伝承が消滅してしまった。

先人たちが長いあいだ伝えてきた、これらの文芸は、誰かが記録しない限り、伝承者とともに消え去ってしまう。記録に残すことで、先人たちのくらしや思いを知ることができる。

「民話は語り手と聞き手の共同作業の産物」である。同じ語り手による同じ話でも、聞き手によって内容が異なる。長くも短くもなり、また、語られないこともある。そういう意味では、聞き手の役割は大きい。

私は、長い間、口承文芸の採録を行ってきたが、語り手と心を一つにすることが、語りを聞く場合、最も大切なことだと思っている。

本書は、細見正三郎さんと坪倉慧二郎さんという二人の聞き手が、坪倉靜子さんなど京丹後市弥栄町船木のみなさんの語った民話を採録したものを収載したものである。

私は、「採録した民話は、地元に返す」を、いつも心に掛けているが、実際は難しいことだ。出版するには、多くの労力と経費が必要になる。先ず、その難関を突破しなければならない。

以前は、自治体が調査報告書を出してくださったが、今日では財政難を理由に、なかなか対応してくれなくなった。

今回は、どうにか出版でき、船木の民話が少しだが残せたことは本当にうれしい。

故・細見正三郎さんの霊前に「あなたの原稿を本にしましたよ」と、先ず報告したい。また、資料を提供下さり、いろいろ教えて下さった坪倉慧二郎さん、お世話くださった小谷和広さんなど、多くの方々に心から感謝するものである。また、出版を引き受けてくださった吉備人出版にもお礼を申し上げます。

二〇二一年六月二日

立石　憲利

立石　憲利（たていし　のりとし）
1938年、岡山県久米郡大井西村（現津山市）で生まれる。
長年にわたり民俗、なかでも民話の採訪を行い、採録した民話は１万話以上。民話の語りも行い、語り手養成のため「立石おじさんの語りの学校」を各地で開く。
著書＝『日本昔話通観』同朋舎、『中国山地の昔話』三省堂、『丹後伊根の民話』（国土社）、『立石おじさんのおかやま昔話１～４集』（吉備人出版）など 200冊以上（共編著を含む）
現在、日本民話の会会長、岡山民俗学会名誉理事長、岡山県語りのネットワーク名誉会長など。
2004年久留島武彦文化賞、2007年山陽新聞賞、岡山県文化賞などを受賞。

チャンポンと鳴《な》る鼓滝《つづみだき》
京都府京丹後市弥栄町船木の民話

2021年８月30日　初版発行

編　著　　立石 憲利
〒719-1154　岡山県総社市井尻野199
電話・ファックス0866-93-4588
発行所　　吉備人出版
〒700-0823　岡山市北区丸の内2丁目11-22
電話086-235-3456　ファックス086-234-3210
ウェブサイト www.kibito.co.jp　メール books@kibito.co.jp
印刷所　　サンコー印刷株式会社
製本所　　日宝綜合製本株式会社

ISBN978-4-86069-658-0 C0039